ACCESO GRATIS *a la Lectura en la Nube*

Para visualizar el libro electrónico en la nube de lectura envíe junto a su nombre y apellidos una fotografía del código de barras situado en la contraportada del libro y otra del ticket de compra a la dirección:

ebooktirant@tirant.com

En un máximo de 72 horas laborables le enviaremos el código de acceso con sus instrucciones.

La visualización del libro en **NUBE DE LECTURA** excluye los usos bibliotecarios y públicos que puedan poner el archivo electrónico a disposición de una comunidad de lectores. Se permite tan solo un uso individual y privado.

EL ANTROPOCENO Y EL DERECHO INTERNACIONAL

IMPLICACIONES PARA EL ÁRTICO[1]

1 Este trabajo es resultado del Proyecto de investigación "Vacíos normativos y desarrollo progresivo de la Agenda 2030 y del principio de sostenibilidad. Especial relevancia para España" (PID2022-138339OB-I00).

EL ANTROPOCENO Y EL DERECHO INTERNACIONAL

IMPLICACIONES PARA EL ÁRTICO

Ana Manero Salvador

tirant lo blanch
Valencia, 2024

En caso de erratas y actualizaciones, la Editorial Tirant lo Blanch publicará la pertinente corrección en la página web www.tirant.com.

La presente obra ha sido sometida a la revisión de pares ciegos según el protocolo de publicación de la editorial a efectos de ofrecer el rigor y calidad correspondiente tanto en su contenido como en su forma, aplicándose los criterios específicos aprobados por la Comisión Nacional E 016 (BOE num. 286, de 26 de noviembre de 2016).

© TIRANT LO BLANCH
EDITA: TIRANT LO BLANCH
C/ Artes Gráficas, 14 - 46010 - Valencia
TELFS.: 96/361 00 48 - 50
FAX: 96/369 41 51
Email: tlb@tirant.com
www.tirant.com
Librería virtual: www.tirant.es
DEPÓSITO LEGAL: V-203-2024
ISBN: 978-84-1197-528-5

Si tiene alguna queja o sugerencia, envíenos un mail a: *atencioncliente@tirant.com*. En caso de no ser atendida su sugerencia, por favor, lea en *www.tirant.net/index.php/empresa/politicas-de-empresa* nuestro procedimiento de quejas.

Responsabilidad Social Corporativa: *http://www.tirant.net/Docs/RSCTirant.pdf*

A mi padre, Fernando Manero Miguel,
por enseñarme a amar los paisajes,
a respetar el entorno y por ser mi
referente en la carrera académica.

Índice

Prólogo

La obra que aquí prologamos es un análisis concienzudo de la situación global internacional desde la perspectiva ártica. Esta obra estructurada en tres capítulos y una reflexión final, extremadamente interesante, introducen al lector en el mundo ártico. Mi experiencia personal como Secretario Técnico del Comité Polar Español, órgano colegiado a cargo de los asuntos polares españoles a nivel gubernamental, me ha llevado a pensar que la sociedad española y una parte de nuestras administraciones tienen poco interés por el Ártico. Sin embargo, este libro de la profesora Manero así como otras contribuciones que están apareciendo en los últimos años, muestran que el ansia de conocimiento sobre el Ártico está bien arraigado en nuestra sociedad. Es cierto que la injustificada invasión rusa de Ucrania ha aumentado el interés de los ciudadanos por los aspectos relacionados con Rusia, y entre ellos el Ártico, del que el 50% pertenece a Rusia.

Esta obra destaca en profundidad aspectos hoy en boca de todos: el Antropoceno como nueva época geológica que termina con el Holoceno y que se caracteriza por una alteración generalizada de la tierra a manos del hombre, abriéndose un espacio único de interacción extrema entre el hombre y el planeta Tierra. Esta nueva época geológica está íntimamente relacionada con la contaminación global y el cambio climático como la máxima expresión del cambio que la humanidad ha sido capaz de ejercer sobre el planeta Tierra. Este capítulo analiza en gran detalle el nuevo orden jurídico internacional que está propiciando esta nueva época geológica, sobre todo en lo que se refiere al derecho internacional del medio ambiente. La globalización de las amenazas ambientales, y las causas ultrafronterizas están haciendo que las sociedades actuales se pregunten como podemos ajustar el derecho para disminuir o mitigar los efectos ambientales. Quizás el único ejemplo anterior era la regulación de los ríos transfronterizos de los que tenemos numerosos ejemplos en Europa y en particular en la Península Ibérica. Sin embargo, los numerosos intentos de Naciones Unidas para establecer marcos de colaboración para la conservación del medio ambiente y la extracción racional de recursos no han tenido el éxito esperado y otros temas relacionados con la seguridad (económica, social, y de otros indoles) han pasado por encima de salvaguardar la seguridad del planeta. La profesora Manero evidencia en este capítulo que existe una patente inadaptación de los diferentes sectores normativos a la realidad existente. Continua este capítulo con un análisis normativo de aspectos clave y hoy en día en boca de todos como el cambio climático y la consecuente subida del nivel del mar, que tendrá (está teniendo) interesantes consecuencias jurídicas sobre los estados afectados, finalizando con un abordaje valiente sobre los migrantes climáticos que tendrá consecuencias jurídicas muy relevantes. Este capítulo analiza la llamada 'paradoja polar' en la que de manera paradójica los estados por un lado aseguran la sostenibilidad de los territorios árticos, estableciendo medidas de mitigación ante el cambio climático, en estas zonas muy sensibles. Pero al mismo tiempo desarrollan cada vez más proyectos extractivos que a su vez inciden en el cambio climático, aprovechándose del cambio climático.

A continuación, la autora de esta obra enciende el debate sobre el concepto de sostenibilidad. Bajo mi punto de vista esta reflexión serena pero enérgica es necesaria, ya que, en algunos casos, y en nombre del 'crecimiento sostenible' se están cometiendo destrozos medioambientales de difícil reparación que conducirán en algunos casos a puntos de no retorno. La Profesora Manero, tras hacer una introducción histórica a la generación de la Agenda 2030 y a los objetivos del desarrollo sostenible de Naciones Unidas, relaciona la sostenibilidad con aspectos relacionados con el Ártico, teniendo en cuenta las direcciones extraccionistas a las que los países árticos se están dirigiendo. El Consejo Ártico juega, como señala Ana Manero, un papel fundamental en temas de desarrollo sostenible, estableciendo un grupo de trabajo Sustainable Development Working Group (SDWG) que muestra la transición de una conservación a ultranza del medio ambiente ártico hacia el concepto de desarrollo sostenible, en el que el factor humano es el que debe centrar los esfuerzos, desde una perspectiva respetuosa con el medioambiente. Nos explica la autora a continuación como el desarrollo sostenible se convierte en eje vertebrador del Ártico. En este capítulo la autora hace un extenso e interesante análisis sobre la actividad económica del Ártico y los riesgos a que podrían conducir algunas de estas actividades, de manera rigurosa investiga las acciones sobre los océanos y las formas de protección, tales como el Código Polar, implantado por la OMI. La visión indigenista sobre el desarrollo sostenible es tratada a continuación, mostrando la necesidad de que el desarrollo sostenible y la Agenda 2030 sea vista en el Ártico desde una perspectiva indígena. Con el análisis jurídico sobre el desarrollo sostenible la autora finaliza este capítulo.

Finalmente, el espacio dedicado a la utopía del Tratado Ártico en el capítulo 3, asocia los conceptos anteriormente desarrollados en un marco sociopolítico realista en el ámbito ártico, con su percepción como nuevo tablero de juego de las relaciones internacionales. En este capítulo la profesora Manero, explora las posibilidades de limitar la explotación de los recursos soberanos de cada uno de los estados poseedores de dichos recursos en aras de conservar el medioambiente bajo estándares internacionales y se cuestiona si los principios de desarrollo sostenible son válidos para los territorios árticos desde una perspectiva académica e incluso podríamos decir que filosófica. Pero, si se cuestionan los principios del desarrollo sostenible para el ártico, ¿qué solución nos queda? Se adentra la autora en buscar respuesta a este dilema explorando los acuerdos internacionales conservacionistas que obligan a los países a una conservación proactiva de algunos de sus territorios y expone lo que otros autores han denominado el 'constitucionalismo global' que pretende una conservación íntegra del planeta o el Pacto Mundial por el Medio Ambiente de Naciones Unidas. La autora establece un paralelismo entre el marco jurídico y soberano de la Antártida con su Tratado Antártico y el Ártico, y se pregunta si se podría establecer un Tratado Ártico que asegurara la paz y la conservación del medioambiente Ártico. De una forma realista, la Dra. Manero muestra nítidamente que la construcción de este Tratado Ártico dista en gran medida de ser una posibilidad futura.

Termina esta obra con una reflexión extremadamente interesante, donde la autora, sin prejuicios, vuelca sus opiniones de lo tratado anteriormente de manera académica. Estas reflexiones que la autora expone permiten al lector entender el sistema de gobernanza en el Ártico ante las crisis que lo amenazan, la crisis climática con todas sus consecuencias secundarias y la crisis belicista que se ha abierto tras la invasión de Ucrania por parte de Rusia y las respuestas del bloque occidental, tanto de los países árticos como de los países observadores en el Consejo Ártico, como lo es España.

En definitiva, encontramos en esta obra las claves que explicadas de una manera rigurosa pero al mismo tiempo amena, que invitan al lector a entender la idiosincrasia del Ártico en la actualidad con las amenazas a las que está sometido y las vulnerabilidades que se han mostrado tras la invasión de Ucrania por parte de Rusia. Obra imprescindible para entender el Ártico desde un aspecto jurídico y ambiental.

PROF. ANTONIO QUESADA
Catedrático de Biología de la Universidad Autónoma de Madrid y Secretario Técnico del Comité Polar Español

"Un invierno, muchos años atrás, no quiso el hielo posarse sobre el mar y una gran penuria se abatió sobre las gentes. [...] Cuando el hielo no se cierra y los témpanos no se adhieren a la tierra lo llaman nugssugsârtoq."

Knud Rasmussen,
"Mitos y leyendas inuit" (2020)

"Frente al presente de la urgencia medioambiental, nada parece cambiar en la visión nacionalista y soberanista que subyace en los sistemas de Derecho concebidos y pensados a partir de los Estados."

Mireille Delmas-Marty:
"Repenser le Droit à l'heure de l'Anthropocène" (2018)

Abreviaturas

AEPS:	Estrategia de Protección Medioambiental del Ártico
AMAP:	Programa de Supervisión y Evaluación
CDI:	Comisión de Derecho Internacional
CESPAP:	Comisión Económica y Social para Asia y el Pacífico
CIJ/ICJ:	Corte Internacional de Justicia/International Court of Justice
CMNUCC:	Convención Marco de Naciones Unidas sobre Cambio Climático
CNUDM:	Convención de Naciones Unidas sobre Derecho del Mar
Convenio OPRC:	Convenio Internacional sobre cooperación, preparación y lucha contra la contaminación por hidrocarburos
COP:	Conferencia de las Partes sobre la Convención Marco de Naciones sobre el Cambio Climático
IASC:	International Arctic Science Committee
ILA:	International Law Association
IPCC:	Panel Intergubernamental de Expertos sobre el cambio climático
NDC:	Contribuciones determinadas a nivel nacional
NOEI:	Nuevo Orden Económico Internacional

OCDE: Organización para la Cooperación y el Desarrollo Económicos

ODS: Objetivos de Desarrollo Sostenible

OIM: Organización Internacional de las Migraciones

OIT: Organización Internacional del Trabajo

OMC: Organización Mundial del Comercio

OMI: Organización Marítima Internacional

OMM: Organización Meteorológica Mundial

PEID: Pequeños Estados insulares en desarrollo

SDWG: Grupo de Trabajo sobre Desarrollo Sostenible

SOLAS: Convenio Internacional para la seguridad de la vida humana en el mar

UE: Unión Europea

Introducción

En 2009 la Comisión Estratigráfica Internacional creó un Grupo de Trabajo sobre el Antropoceno, que tenía como misión analizar si estamos ante una nueva época geológica caracterizada por la intervención humana, superando, de esta manera, el Holoceno. El origen del Antropoceno se remontaría al siglo XIX, a la revolución industrial, pero sus efectos se incrementarían tras el fin de la Segunda Guerra Mundial, esto es, a partir de la década de los años 50 del pasado siglo, donde los experimentos atómicos dieron lugar a cambios irreversibles en el mundo. A ello, se sumarían fenómenos como el desarrollo tecnológico acelerado, el crecimiento de la población y el incremento del consumo de recursos, fenómenos conocidos como la *Gran Aceleración*, que se acompañaron de un aumento exponencial de la actividad económica mundial[2].

El Holoceno se caracterizaba por ser una época de estabilidad climática, que permitía la vida humana, pero en el Antropoceno, "la Tierra [se adentra] de un modo global, en un [período] de rasgos aún imprevisibles". Este nuevo período estaría determinado por "la influencia de la actividad humana sobre los sistemas terrestres, lo que habría provocado el acoplamiento irreversible de los sistemas sociales y naturales", cuya más conocida manifestación sería el cambio climático y

---

[2] Steffen, W., Crutzen, P.J., McNeill, J.R., "The Anthropocene: Are Humans Now Overwhelming the Great Forces of Nature?", *Ambio*, vol. 36 (8), 2007, pp. 616-617.
Véase también, Hey, E. "The Anthropocene, Five Discourses and Frontier Space", en Barnes, R., y Long, R., *Frontiers in International Environmental Law: Oceans and Climate Challenges: Essays in Honour of David Freestone*, Brill, 2021, p. 517.

sus consecuencias[3], entre las que se encontrarían el aumento de los gases de efecto invernadero o la pérdida de diversidad biológica, frente a los cuales la resiliencia terrestre cada vez puede hacer menos.

En este contexto se plantea el reto de la sostenibilidad, que ha alcanzado un extraordinario protagonismo de la mano de la Agenda 2030, como veremos más adelante. La Agenda 2030, que establece el camino a seguir para *transformar nuestro mundo*, contempla 17 objetivos, cada uno con sus metas, partiendo de la articulación de tres pilares: económico, social y medioambiental, con fuertes implicaciones para el Derecho Internacional, como se verá a continuación. No obstante, desde la doctrina se ha argumentado que esta imbricación no se presenta de manera adecuada, lo que constituye un auténtico desafío, que nos hace preguntarnos si el enfoque de la Agenda es el correcto para afrontar los retos que actualmente se plantean en el mundo. Así, Ried y otros han señalado que "los vínculos y retroalimentaciones entre los sistemas sociales, económicos y ambientales son muchos y variados. Los seres humanos dependen de los servicios de los ecosistemas, como el aire limpio, el agua y los alimentos, tanto para la riqueza como para la seguridad. Mientras tanto, los ecosistemas son transformados por las acciones humanas para apropiarse de estos recursos, como la deforestación para la expansión agrícola o urbana, lo que puede dejar a los ecosistemas incapaces de continuar brindando esos servicios cruciales ahora y en el futuro [...]. De hecho, la transformación humana de los sistemas naturales es tan profunda [...] que muchos se refieren a este período como el Antropoceno [...]. El reconocimiento de que el desarrollo humano y las actividades asociadas están produciendo consecuencias ambientales a una escala sin

---

3 Arias Maldonado, M., *Antropoceno. La política de la era humana*, Taurus, 2018, versión electrónica.

precedentes y sus efectos pueden socavar los logros del desarrollo a largo plazo lo que apunta a la necesidad de una reorganización fundamental de la forma en que actualmente se enmarcan y debaten los Objetivos de Desarrollo Sostenible" (en adelante, ODS)[4]. Y es que existen determinados espacios especialmente vulnerables, como el Ártico, donde cabe plantearse si la promoción del desarrollo sostenible es la mejor vía para garantizar su supervivencia.

Pocos espacios en la tierra presentan hoy un escenario tan desalentador en relación con su situación medioambiental como es el caso de la región ártica. El Grupo Intergubernamental de expertos sobre el cambio climático (en adelante, IPCC), ha señalado en su informe especial de 2019 que, durante las últimas dos décadas, la temperatura del aire de la superficie del Ártico ha aumentado más del doble del promedio mundial, al tiempo que se observa un aumento importante de los gases de efecto invernadero, lo que conduce a esperar un mayor calentamiento del Ártico. Ello es consecuencia de la reducción del efecto albedo en verano[5], debido a la pérdida tanto de nieve como de hielo marino, al aumento del vapor de agua en la atmósfera ártica, a cambios en la nubosidad total en verano, al deshielo del permafrost, etc. Así, la temperatura anual de la superficie del Ártico durante cada uno de los últimos cinco años superó la de cualquier año desde 1900, es más,

---

4 Reid, A.J., Brooks J.L., Dolgova, L., Laurich, B., Sullivan, B.G., Szekeres, P., Wood, SL.R., Bennett, J.R., y Cooke, S. J., "Post-2015 Sustainable Development Goals still neglecting their environmental roots in the Anthropocene", *Environmental Science and Policy*, n 77, 2017, p. 180. Traducción propia.

5 Está científicamente verificado que "el debilitamiento del albedo hunde a estas regiones en la espiral negativa del efecto invernadero que se automantiene", Remaud, O., "Trouble contre trouble: le glacier et l'être humain", *Analyse Critique Opinion*, 11 mars, 2021. Traducción propia.

en invierno, se pudieron observar hasta más de 6° de temperatura en el océano Ártico central entre 2016 y 2018 en relación con las mediciones realizadas entre 1981 y 2010. Además, en los últimos cinco años se han alcanzado niveles récord en relación con la reducción de la extensión del hielo marino tomando como referencia el periodo 1979-2014. Estos dos elementos -temperaturas elevadas – consideradas por el IPCC como *extreme positive*- y los mínimos de hielo marino- proporcionan un gran consenso en la medida en que evidencian una importante crisis climática en la zona[6].

Esta situación facilita, no cabe duda, la exploración y la explotación de los recursos árticos, cuestión que ya analicé en 2011[7] y sobre la que volví en 2018[8], lo que acrecienta la ya extrema fragilidad del ya muy deteriorado ecosistema ártico. En este contexto crítico ha entrado con fuerza, como ya se ha adelantado, el debate acerca del desarrollo sostenible del Ártico. El desarrollo sostenible tiene por objeto reorientar las relaciones internacionales, de manera que los tres factores sobre los que se asienta alcancen un equilibrio que permita una realización balanceada de objetivos. La sostenibilidad así entendida marca la cooperación internacional entre 2015 y 2030 de la mano de la Agenda 2030[9], que persigue la realización de los 17 Objetivos de Desarrollo Sostenible, que aúnan nada más y nada menos que 169 metas.

---

6 IPCC, *Special Report on the Ocean and Cryosphere in a Changing Climate*, 2019, p. 212.

7 Manero Salvador, A., *El Deshielo del Ártico: retos para el Derecho Internacional. La delimitación de los espacios marinos y la protección y preservación del medio ambiente*, Aranzadi Thomson Reuters, Cizur Minur, 2011.

8 Manero Salvador, A., "La protección ambiental del Ártico y la Agenda 2030", *Actualidad Jurídica Ambiental*, n° 77, 2018.

9 Transformar nuestro mundo: la Agenda 2030 para el desarrollo sostenible, Res. A/70/1 de 21 de octubre de 2015.

Ahora bien, ninguna de estas metas alude a la problemática ártica en concreto, si bien diferentes objetivos y metas son aplicables y reconocibles en el Ártico. Así, los ODS 13- Acción por el clima- y 14 – vida submarina- afectan directamente a este espacio, al igual que el ODS 7 -energía asequible y no contaminante-, en la medida en que el extractivismo en el Ártico no ha hecho más que comenzar.

Planteada esta situación sin duda compleja, resulta perentorio analizar de qué manera el desarrollo sostenible puede impactar en el Ártico, esto es, en un entorno ya deteriorado y en riesgo elevado de incrementar este deterioro. En este sentido, conviene plantearse si llegados a esta situación este concepto es aplicable al Ártico, en la medida en que alcanzar el equilibrio entre los tres pilares no parece sencillo. Al encontrarnos en un entorno altamente vulnerable, ¿sería conveniente plantearse la preservación de este espacio? ¿es posible hacerlo? ¿de qué manera la promoción del desarrollo sostenible puede incidir negativamente en la protección medioambiental del Ártico?

Para analizar estas cuestiones este trabajo se estructura en varios capítulos. En el primero de ellos, se analizarán los retos que el Antropoceno plantea para el Derecho Internacional. A continuación, se examinará el nuevo marco de desarrollo sostenible establecido por la Agenda 2030 en relación con el Ártico, prestando especial atención al papel jugado por el Consejo Ártico, los Estados árticos y los pueblos indígenas; para finalizar con el estudio de la *utopía ártica*, esto es, la consecución de un Tratado ártico, y otras perspectivas que tienen por objeto solventar las deficiencias del actual paradigma.

Capítulo 1

El Antropoceno y el Derecho Internacional

1. INTRODUCCIÓN

Conviene recordar el significado con que en 2000 el Antropoceno es dado a conocer y popularizado por el naturalista Paul J. Crutzen -y rigurosamente desarrollado junto a Eugene F. Stoermer[10]- con la finalidad de acuñar un término específico destinado al estímulo del debate científico multidisciplinar en el que tengan cabida los especialistas en las Ciencias de la Tierra y los pertenecientes al ámbito de las Ciencias Sociales. Se trata, en esencia, de introducir en la sensibilidad

---

10 Crutzen, P.J., y Stoermer, E.F., "The Anthropocene", *Global Change Newsletter- IGBP*, 41, 2000, pp. 17 a 18.
Aunque esta denominación no ha sido aún adoptada por The International Union of Geological Sciences (IUGS)–por lo que desde la perspectiva científica se sitúa en el campo de la hipótesis–lo cierto es que ha alcanzado un alto nivel de reconocimiento como concepto riguroso en torno al cual gravita un amplio elenco de debates y reflexiones que han aportado ideas de gran relevancia y utilidad interpretativa, en la medida en que han hecho posible un encuentro de gran utilidad teórica y metodológica, para el análisis de la realidad ambiental del planeta, entre los enfoques científico-técnicos y las ciencias sociales. De ahí que, "al hablar de Antropoceno, se hace de la humanidad entera, tanto en su profundidad histórica como en su dispersión espacial, el concepto unificado de la historia de la alteración de la Tierra". Véase Larrère, C., "Anthropocene: mais qu´est que c'est?", *Analyse Critique*, 10 avril 2018. Traducción propia.

intelectual e investigadora de nuestro tiempo, el crítico y decisivo salto cualitativo que supone el tránsito del Holoceno, caracterizado por una situación de relativa estabilidad en la composición de la atmósfera terrestre, a una nueva etapa en la historia natural del planeta esencialmente marcada por el aumento incesante de las concentraciones de dióxido de carbono y metano, como consecuencia de las emisiones procedentes de las actividades realizadas por el ser humano. Los umbrales de magnitud alcanzados permiten identificar una discontinuidad o, mejor aún, una ruptura de alcance temporal en la historia de la Tierra, justificando y legitimando así "una nueva categorización del tiempo planetario". Y es que, en esencia, el Antropoceno conlleva una modificación de la escala, ya que es necesario "contemplar los hechos desde la perspectiva del sistema Tierra"[11].

Desde esta perspectiva, las connotaciones de la etapa Antropoceno rebasan ampliamente la estricta dimensión de las variables climáticas que lo singularizan para adquirir una dimensión global, holística, dada la interrelación de los diversos fenómenos derivados de los impactos humanos sobre los equilibrios naturales de la Tierra. De este modo se justifica la aparición de una sensibilidad nueva que modifica los viejos postulados que entendían la función del ser humano como "poseedor o dueño de la Naturaleza" para preconizar una alternativa basada en otra forma de habitar el mundo y de llevar, en consecuencia, una vida diferente, que reconozca la importancia y la necesidad de aplicar instrumentos de evaluación sobre los cambios inducidos en la biodiversidad por el cambio climático[12].

---

11 Bonneueil, C., y Fressoz, J-B., *L' événement Anthropocène*, Le Seuil, Paris, 2013, p. 36.

12 Salamin, N., et al., "Assessing rapid evolution in a changing environment", *Trends in Ecology & Evolution*, vol. 25 (2), 2010, pp. 692 y ss.

La publicación del *Atlas del Antropoceno*, codirigido por Gemenne y Rankovic[13], ha permitido precisar con rigor el alcance de las diferentes manifestaciones de la huella humana, de acuerdo con un enfoque metodológico concebido para demostrar de manera fehaciente las interconexiones y el funcionamiento sistémico en el que se fundamenta la crisis ambiental. Planteado con estos fines, las evidencias que acompañan al desarrollo de las investigaciones sobre las alteraciones ambientales producidas en esta etapa inducen a poner en entredicho los límites que separan a las generaciones o a las entidades políticas para abocar a la defensa de un planteamiento global, eminentemente integrador, que gravita en torno a la idea de un planeta amenazado donde todos los ciudadanos, independientemente de su edad o espacio de vida, se encuentran motivados por un compromiso común. Un compromiso que obliga a una reconsideración intelectual de los principios sobre los que asienta esta nueva época, indisolublemente asociados a una crisis medioambiental de carácter global, en los términos acertadamente planteados por Hamilton[14].

Como ya se ha indicado, el Antropoceno es cómo se denomina la nueva era geológica, que se caracteriza por el fuerte impacto de los humanos sobre la tierra. El cómo la humanidad deberá afrontar estos impactos (pensemos en la explotación de los recursos, incluidos los recursos energéticos, el cambio climático, etc.), constituye un reto muy importante para el Derecho Internacional, y es que el Antropoceno afecta profundamente al Derecho Internacional. Como han señalado Vidas, Fauchald, Jensen y Tvedt, la inestabilidad que trae consigo el Antropoceno tiene implicaciones en el Derecho Internacional.

---

13 Rankovic, A., y Gemenne, F, *Atlas of the Anthropocene*, Les Presses de Sciences Po, Paris, 2019.

14 Hamilton, C., *The Anthropocene and the Global Environmental Crisis: Rethinking modernity in a new epoch*, Routldlege, Londres, 2015.

Estos autores han señalado que "la estabilidad está profundamente arraigada en los fundamentos del Derecho Internacional" en dos niveles diferentes. Así, el Derecho Internacional persigue dotar a las relaciones internacionales de una estabilidad normativamente garantizada, a pesar de los cambios políticos que en éstas acontezcan. El segundo nivel de estabilidad residiría en la existencia de unas circunstancias relativamente estables, que, al verse alteradas por la inestabilidad del Antropoceno, podrían dar lugar a fuertes tensiones en las relaciones internacionales[15]. Es más, el Derecho Internacional se basa en la comprensión de la estabilidad de las condiciones de la Tierra, en un planeta estable, donde los mayores problemas de la inestabilidad del espacio se derivaban de fenómenos como el acrecimiento[16]. Así, como han señalado estos autores, "el Derecho Internacional [es] [...] un sistema de normas que descansa sobre cimientos que evolucionaron bajo las circunstancias del Holoceno tardío, que se suponía duradero. El Derecho Internacional da por sentadas las condiciones del Holoceno, y sobre esa premisa, se ha construido el enorme edificio del Derecho Internacional"[17]. Robinson también comparte esta visión, y dice que el Derecho Internacional está plenamente arraigado en los sistemas que han

---

15 Vidas, D., Fauchald, O.K., Jensen, O., Tvedt, M.W., "International law for the Anthropocene? Shifting perspectives in regulations of the oceans, environment and genetic resources", *Anthropocene,* vol. 9, 2015, p. 1. Véase también Vidas, D., "The Earth in the Anthropocene – and the World in the Holocene?", European Society of International Law Reflection, vol. 4 issue 6, 2015.

16 Vidas, D., Fauchald, O.K., Jensen, O., Tvedt, M.W., "International law for the Anthropocene? Shifting perspectives in regulations of the oceans, environment and genetic resources", *op. cit.*, p. 4.

17 Id., p. 4. Traducción propia.

dado lugar al fin del Holoceno, por lo que debe replantearse para afrontar los retos de esta nueva época geológica[18].

El Antropoceno plantea un escenario de inestabilidad que, por lo que aquí nos interesa, se relaciona claramente con el Derecho Internacional del Medio Ambiente. Fenómenos que dan lugar a una importante inestabilidad son, y en los que me voy a centrar, el cambio climático y sus efectos en el planeta, donde destaca especialmente la subida del nivel del mar como consecuencia del deshielo de los polos, fundamentalmente del Ártico, que da lugar a una profunda crisis en los pequeños Estados insulares y el surgimiento de potenciales nuevas categorías de protección internacional, como sería el caso de los migrantes/refugiados climáticos.

2. EL DERECHO INTERNACIONAL DEL MEDIO AMBIENTE ANTE EL ANTROPOCENO

El cambio climático es una realidad a la que nos estamos enfrentando en nuestro día a día. Los efectos de este fenómeno son cada vez más intensos y graves. Inundaciones, huracanes, olas de calor extremo, incendios, sequías, etc… llevan a plantearnos si el marco jurídico internacional vigente es el adecuado[19]. Autores como Kotzé señalan que para estar a la altura

---

18 Robinson, N.A., "Fundamental Principles of Law for the Anthropocene?", *Environmental Policy and Law,* vol. 44, 1-2, 2014, p. 13. De la misma opinión es Biber, E., *Law in the Anthropocene Epoch,* UC Berkely Public Law Research Paper, nº 2834037, 2016.

19 Vordermayer señala que "sobre la base de la división positivista entre el ser y el deber, se puede decir que el corpus de derecho sustantivo y procesal permanece estático, incluso frente a revoluciones científicas innovadoras. […] En este sentido, el cambio sólo puede producirse si los sujetos del derecho autorizados a hacerlo, proceden de tal manera. Aquí se enfatizan las diferencias conceptuales

de los importantes desafíos que plantea el cambio climático "es muy probable que toda la gama de normas ambientales de carácter global deba reconceptualizarse significativamente, incluso, rediseñarse y, en todo caso, mejorarse para que puedan responder mejor a la gravedad de la situación que nos acontece"[20].

---

entre los enfoques descriptivo-analítico y normativo-jurídico de un fenómeno como el Antropoceno, y el carácter dinámico o estático del objeto de análisis. Desde esta visión positivista, el que la Tierra haya entrado en una nueva época geológica, en principio no afectará a las normas legales, que no se adaptan inmediatamente y sin reservas al Antropoceno, sin embargo, no se excluye que algunos elementos del corpus jurídico actual puedan responder a estos hallazgos científicos". Vordermayer, M., "Gardening the Great Transformation: The Anthropocene Concept's Impact on International Environmental Law Doctrine", *Yearbook of International Environmental Law,* vol. 25, nº 1, 205, p. 88. Traducción propia.

Véase también Vidas, D., Zalasiewicz, J., y Williams, M., "What is the Anthropocene and why is it relevant for International Law?, *Yearbook of International Environmental Law,* vol. 25, nº1, 2014, pp. 3 y ss.

20 Kotzé, L.J., "Rethinking Global Environmental Law and Governance in the Anthropocene", *Journal of Energy and Natural Resources Law,* vol. 32-2, 2014, p. 125.

Este autor y Kim señalan que el marco actual ha sido incapaz de llevar a cabo reformas estructurales profundas que pusieran fin al deterioro ambiental, en la medida en que es "una colección de prohibiciones con impactos modestos en las relaciones socioecológicas", que "no ha logrado evitar que la humanidad cruce los límites planetarios críticos que ejemplifican la crisis socioecológica del Antropoceno". Además, es un marco claramente estado-céntrico y antropocéntrico, ya que "ha promovido una agenda de crecimiento humano utilitarista y neoliberal mediante la protección de recursos ambientales para el desarrollo socioeconómico", y, por supuesto, basado en la estabilidad del Holoceno, al tiempo que se ha caracterizado por una visión reduccionista, que no ha podido "responder a los patrones complejos de cambio socioecológico del sistema terrestre". Véase Kotzé, L.J., y Kim, R.E., "Earth system law: the juridical dimensión of earth system", *Earth System Governance,* vol. 1, 2019, p. 3 y ss. Traducción propia.

Viñuales insta a "revisitar el derecho completamente para entender su papel en el Antropoceno"[21]. De la misma opinión es Robinson que afirma con rotundidad que las "viejas suposiciones ya no funcionan[…] debido al cambio generalizado que representa el Antropoceno. […] [Por ello,] [y] dado que las perturbaciones del Antropoceno han comenzado, y continuarán, la sociedad necesita guiar su adaptación mediante el reconocimiento de un nuevo conjunto de principios jurídicos."[22] Delmas-Marty señala que "necesitamos de las *fuerzas imaginarias del derecho* para concebir un *nuevo espíritu jurídico*"[23].

En este sentido, como afirma Robinson, ámbitos de regulación como por ejemplo el de la radioactividad o la preservación de la capa de ozono, han dado lugar a un replanteamiento de las normas existentes. Así, el *Tratado sobre la prohibición de los ensayos, por el que se proscribían las pruebas de armas nucleares en la atmósfera, el espacio ultraterrestre o debajo del agua*, firmado en Moscú el 5 de agosto de 1963, supuso un paso transcendental para poner fin a las pruebas nucleares, y lo mismo se puede decir del *Convenio de Viena para la Protección de la Capa de Ozono* y el *Protocolo de Montreal relativo a las sustancias que agotan la capa de ozono*, hecho en Montreal el 16 de septiembre de 1987, que,

---

21 Viñuales, J., "The organization of the Anthropocene: in our hands?", *Brill Research Perspectives in International Legal Theory and Practice*, vol. 1, nº 1, 2018, p. 14.

22 Robinson, N.A., "Fundamental Principles of Law for the Anthropocene?", *op. cit.*, p. 13. Traducción propia.

23 Delmas-Marty, M., "Repenser le droit à l´heure de l´Anthropocène", *Analyse, Critique, Opinion*, mercredi 30 janvier 2019, disponible en https://aoc.media/analyse/2019/01/30/repenser-droit-a-lheure-de-lanthropocene/?loggedin=true consultado el 2 de noviembre de 2022.

al establecer normas previsibles y rigurosas, son un ejemplo de cómo abordar un problema medioambiental[24].

Este enfoque no es el que se ha mantenido en otros ámbitos de esta rama del Derecho Internacional[25]. Así, el enfoque dado a la lucha contra el cambio climático mediante la Convención Marco de Naciones Unidas sobre Cambio Climático (en adelante, CMNUCC) y la constante postergación de la asunción de obligaciones en relación con la reducción de las emisiones de gases de efecto invernadero a la atmósfera[26], no

24 Robinson, N.A., "Fundamental Principles of Law for the Anthropocene?", op. cit., p. 13.

25 Brown Weiss, desde la teoría de los bienes públicos globales señala que "nuestro planeta puede ser visto como un bien público global, al que todos pueden acceder y que todos pueden usar de manera sostenible o en formas que amenacen su integridad y estabilidad", y recuerda que Bruno Simma señaló la existencia de intereses comunitarios universales, en el sentido de que no podían dejarse a libre disposición de los Estados individualmente, sino que deben ser considerados como un asunto de interés para la comunidad internacional, lo que sería de aplicación en el contexto del Antropoceno. Esta autora, afirma que existe una serie de principios y normas de Derecho Internacional aplicables en el contexto del Antropoceno, a saber: patrimonio común de la humanidad, preocupación común de la humanidad, desarrollo sostenible, precaución, quien contamina paga y prevención del daño. Si bien no comparto en su plenitud la adecuación de estos principios y normas a la realidad que plantea el Antropoceno, creo que acierta al señalar que "en la época del Antropoceno, en la que nuestro hogar es en gran medida un bien común compartido, su conservación constituye un bien público." Brown Weiss, E., *Establishing Norms in a Kaleidospic World,* General Course on Public International Law, Recueil de Cours, Collected Courses of the Hague Academy of International Law, vol. 396, 2019, pp. 166-167 y 199. Traducción propia.

26 Planelles, M., "La cumbre del clima se cierra con un mensaje descafeinado contra el carbón y los combustibles fósiles", *El País,* 14 de noviembre de 2021.

parece que sea la manera más idónea de frenar el fenómeno. En este sentido, es perentorio abordar de qué manera el Derecho Internacional del Medio Ambiente puede reorientarse en la lucha contra el cambio climático en el contexto del Antropoceno. Parece que lo que resulta más urgente es abordar un enfoque normativizado capaz de evitar los efectos desastrosos que la inestabilidad genera. Y es que, como ha dicho Delmas-Marty, "cuando la humanidad se convierte en una fuerza telúrica capaz de influir en el futuro del planeta, [ésta] parece impotente para influir en su propio futuro: esta es la paradoja del Antropoceno"[27].

Esta autora señala que la globalización ha dado lugar a una desterritorialización de los riesgos globales, con un incremento de la interdependencia, en cuyo contexto, el Derecho Internacional debe adaptarse constantemente, para estabilizar sin inmovilizar y marcar el rumbo de una futura gobernanza global, que sirva para renovar las lógicas jurídicas añadiendo a la tradicional lógica binaria de obligación/prohibición, una lógica de gradación, más flexible y adaptable, poniendo como ejemplo el principio de precaución que compara el grado de probabilidad y gravedad del riesgo con el de aceptabilidad; el principio del pluralismo ordenado que sirve para equilibrar el binomio exclusión/integración, o el principio de responsabilidades comunes pero diferenciadas[28]. No obstante, como la misma autora dice, si bien esta lógica es políticamente aceptable, jurídicamente es muy compleja de articular y podría debilitar la seguridad jurídica[29]. En mi opinión, claramente la debilitaría, y como han demostrado los ejemplos anteriores, considero que sería necesario un reforzamiento de las normas

---

27 Delmas-Marty, M., "Repenser le droit à l´heure de l´Anthropocène", *op. cit.*

28 Id.

29 Id.

medioambientales, un rearme normativo del Derecho Internacional del Medio Ambiente que sirva para hacer frente al reto ambiental que plantea el Antropoceno.

No cabe duda de que el debate acerca de los principios del Derecho Internacional del Medio Ambiente es problemático. Para Vidas, Fauchald, Jensen y Tvedt existe consenso sobre determinados principios, como es el caso del principio de prevención, pero este consenso no se extiende a otros, como el principio de precaución o el debate acerca de la necesidad de reenfocar el principio de desarrollo sostenible o el principio de responsabilidades comunes pero diferenciadas[30]. Para estos autores, la clave consistiría en lograr una *resiliencia socioecológica*, que dependería de dos factores, como la capacidad del Derecho Internacional del Medio Ambiente para resistir la presión de los grupos de interés que buscan obtener beneficios a corto plazo a expensas de los intereses a largo plazo, y de los factores que promueven la flexibilidad y la capacidad de responder a los desafíos emergentes[31].

Para hacer frente a esta situación, Robinson propone la búsqueda de un nuevo paradigma que persiga el bienestar social de las personas en el Antropoceno. Este paradigma se fundamentaría en el reforzamiento de una serie de principios tradicionales como el principio de cooperación, recogido en los artículos 55 y 56 de la Carta de Naciones Unidas[32]. Así, según este autor, las normas ambientales deberán promover la

---

30 Vidas, D., Fauchald, O.K., Jensen, O., Tvedt, M.W., "International law for the Anthropocene? Shifting perspectives in regulations of the oceans, environment and genetic resources", *op. cit.*, p. 8.

31 Id., p. 8.

32 También Schrijver lo considera así. Véase Schrijver, N., *The Evolution of Sustainable Development in International Law: Inception, Meaning and Status*, Collected Courses of the Hague Academy of International Law, vol. 329, 2008.

cooperación también con el entorno y con los ecosistemas. Pone como ejemplo la *Convención sobre Diversidad Biológica*, que refleja una fuerte cooperación basada en los riesgos que existen para la diversidad, y como contraejemplo a la CMNUCC, que plantea una cooperación débil, lo que se demostraría en las negociaciones "donde los Estados están más preocupados en asegurar su crecimiento"[33]. Robinson plantea el principio de la Biofilia -*Biophilia*-, como el principio de la corresponsabilidad con la naturaleza, que serviría para fundamentar la creación de parques protegidos, refugios de vida silvestre o el establecimiento de temporadas de caza y pesca, o el banco de semillas de Svalbard[34]. En tercer lugar, figuraría el principio de resiliencia, que debería poder convertirse en un objetivo de la planificación que pueda afectar al medio natural, lo que es esencial para facilitar la recuperación de los ecosistemas[35]. Este principio, se acompañaría del principio de previsión o de prospectiva, que se fundaría, a su vez, en los principios de precaución y de evaluación del impacto ambiental[36]. A continuación, señala el principio de suficiencia para preservar los recursos naturales, para mantener una productividad continuada a largo plazo, pero no agotar los recursos en el corto. Ello, según Robinson, obligaría a los humanos a compartir su espacio con otras especies, porque "extraer el último rendimiento posible de la naturaleza reduce la resiliencia, carece de precaución y corre el riesgo de favorecer el colapso de los ecosistemas y la extinción de las especies"[37].

---

33 Robinson, N.A., "Fundamental Principles of Law for the Anthropocene?", *op. cit.*, p. 18. Traducción propia.

34 Id., p. 19.

35 Id., p. 20.

36 Id., p. 21.

37 Id., p. 21. Traducción propia.

El principio del bienestar o de la felicidad también formaría parte de esta reformulación. Este principio consistiría en poner la economía al servicio del bienestar humano, porque si bien se han realizado esfuerzos para que la felicidad sea la base de la toma de decisiones, aún no se ha aceptado el principio del bienestar. Para Robinson, "la promoción del bienestar holístico proporciona un propósito a los principios de prospectiva y cooperación, y sirve para sustentar la resiliencia"[38]. Y también incluye el principio de justicia para los seres humanos y la naturaleza, de acuerdo con los avances jurisprudenciales que reconocen la existencia de cierta subjetividad internacional a los entornos naturales, así como el reconocimiento de derechos ambientales[39].

Esta propuesta supone un replanteamiento del Derecho Internacional del Medio Ambiente que conocemos hasta nuestros días, en la medida en que constituye un marco más

---

38 Como señala Robinson "la Nota del Secretario General de las Naciones Unidas sobre "Felicidad: hacia un enfoque holístico del desarrollo" (A/67/607), indica que Japón, Qatar, el Reino Unido, Francia e Italia han tomado medidas para evaluar cómo utilizar las métricas de felicidad. La Unión Europea y la Comisión Económica y Social para Asia y el Pacífico (CESPAP) han celebrado reuniones sobre el enfoque de la felicidad. La Organización para la Cooperación y el Desarrollo Económicos (OCDE) actualmente califica a sus 34 miembros, además de Brasil y Rusia, de acuerdo con 11 ítems que contribuyen al bienestar social. Por todo ello, los fundamentos para reconocer el principio de felicidad se están volviendo explícitos. Enmarcar un principio legal de felicidad obligará a los Estados a examinar sus propias definiciones culturales y sociales para el bienestar a medida que se adaptan al Antropoceno." Id., pp. 22 y 23. Traducción propia.

39 Id., p. 23.

tuitivo, más protector, y, sobre todo, más ecocéntrico[40]. Esta visión podría fundarse en lo que Delmas-Marty ha identificado como *humanismo de la interdependencia* frente al *humanismo de la separación.*

El *humanismo de la interdependencia* aparece en el Derecho Internacional con la Cumbre de Estocolmo de 1972 y se consolida con la Cumbre de Río de 1992, porque el reconocimiento de "la naturaleza integral e interdependiente de la Tierra"[41] da lugar a que el Derecho Internacional reconozca las interdependencias entre los ecosistemas, entre los humanos y la tierra. Frente a este *humanismo de la interdependencia* estaría el *humanismo de la separación*, eje del Derecho Internacional desde la Ilustración hasta nuestros días y cuyo hito esencial lo constituye la Declaración Universal de los Derechos Humanos, y los instrumentos que la desarrollan, donde la dignidad humana constituye el valor supremo[42].

El Derecho Internacional del Medio Ambiente y su progresiva cercanía al Derecho Internacional de los Derechos Humanos se basa en este *humanismo de la interdependencia.* Pero aún esta imbricación no es todo lo profunda que debiera. El Derecho Internacional del Medio Ambiente sigue enfocando

---

40 Kotzé y French afirman que el Derecho Internacional del Medio Ambiente tiene un fundamento antropocéntrico, del que se derivan sus deficiencias, por lo que es incapaz de parar los comportamientos humanos que causan el Antropoceno, al tiempo que incrementa la destrucción ambiental y la desigualdad. Kotzé, L.J., y French, D., "The Anthropocentric Ontology of International Environmental Law and Sustainable Development Goals: Towards an Ecocentric Rule of Law in the Anthropocene", *Global Journal of Comparative Law,* vol. 7, 2018, p. 5

41 Declaración de Río sobre medio ambiente y desarrollo, preámbulo, 1992.

42 Delmas-Marty, M., "Repenser le droit à l´heure de l´Anthropocène", *op. cit.*

la protección del medio ambiente de forma atomizada, no como un todo[43]. El Pacto Mundial por el Medio Ambiente[44] sigue siendo una propuesta fallida que, en todo caso, no va a adquirir forma convencional. Este enfoque del tratamiento de los problemas medioambientales se ha demostrado muchas veces ineficaz[45]. Pero esta ineficacia se va a incrementar en el contexto del Antropoceno, ya que, como ha señalado Kotzé, el principal problema radica en la inadaptación de las normas a la gravedad de los fenómenos naturales; pero también en la incapacidad de las normas ambientales para responder a los impactos globales en los sistemas naturales[46]. Esta visión es compartida por Delmas-Marty, cuando afirma que la actual situación choca directamente con "el Derecho Internacional tradicionalmente construido sobre la soberanía de los Estados, independientes en su territorio. Mientras las interdependencias traspasan fronteras, el Estado no ha desaparecido y continúa

43 Rose, J., Wewerinke-Singh, M., y Miranda, J., "Primal Scene to Anthropocene: Narrative Myth in International Environmental Law", *Netherlands International Law Review*, vol. 66, 2019, p. 443.
Al respecto, Kotzé afirma que "el Antropoceno busca reemplazar una visión fragmentada y singular del medio ambiente por una visión integrada, holística del sistema terrestre". Y añade que "el derecho ambiental tendrá que superar el enfoque basado en parcelas que ha seguido durante mucho tiempo. Si bien algunos temas como la biodiversidad o la contaminación del agua seguirán siendo importantes, el derecho ambiental tendrá que volverse más general, tendrá que adoptar una visión más amplia y debe ajustarse para adaptarse a nociones más amplias del medio ambiente". Traducción propia Kotzé, L.J., "Rethinking Global Environmental Law and Governance in the Anthropocene", *op. cit.*, p. 148.

44 Hacia un Pacto Mundial por el Medio Ambiente, A/Res/72/2777 de 14 de mayo de 2018.

45 Kotzé, L.J., "Rethinking Global Environmental Law and Governance in the Anthropocene", *op. cit.*, p. 141.

46 Id., p. 142.

imponiendo límites a los derechos humanos en nombre de la seguridad nacional. Sin embargo, enfrenta la competencia de la razón económica y el dogma del crecimiento, que abre las fronteras a los mercados y a la explotación de los recursos naturales. Mientras que el temor a una catástrofe planetaria por el agotamiento de los recursos y/o el cambio climático despierta una razón ecológica llamada a limitar la razón de Estado para salvaguardar la seguridad del planeta." Pero es que esta autora, va más allá y sentencia que "asistimos al surgimiento de nuevos conceptos (patrimonio común de la humanidad, bienes públicos globales), nuevos principios (principio de precaución), nuevas categorías (generaciones futuras), nuevos delitos a prohibir (ecocidio) o daños a reparar (daño ecológico)". Pero sería necesario "repensar en profundidad los procesos antropológicos (de adaptación, apropiación y representación) que juegan un papel central en las relaciones entre humanos y no humanos", aunque el problema principal es que "no estamos preparados (al menos en Occidente) para tal metamorfosis. Todo el vocabulario (fundamentos, fundaciones, derechos fundamentales), todas las metáforas (pirámide, base, pilar, incluso las fuentes del derecho) nos incitan a representar el orden jurídico como un equilibrio estático."[47] En otras palabras, el reto nos supera.

Y es que, según Stephen, el Antropoceno pone en entredicho las bases del ordenamiento internacional, supone el replanteamiento de las prioridades y objetivos, dado que el medio ambiente supone una unidad, de manera que el enfoque atomizado de la regulación internacional de este sector se constata como inadecuado, lo que podría ser considerado un reduccionismo sectorial al que se sumaría el espacial. Este enfoque por sectores, por tipos de contaminantes, etc., hace

---

47 Delmas-Marty, M., "Repenser le droit à l´heure de l´Anthropocène", *op. cit.* Traducción propia.

que el enfoque integral está muy lejos de ser logrado[48]. Vordermayer, por su parte, señala las soluciones técnicas que podrían desarrollarse para conseguir la adaptación. Es evidente que los tratados no integran el concepto de Antropoceno, es más, lo ignoran. Las posibles soluciones pasarían por adaptar los tratados a través de enmiendas, adoptando anexos o protocolos, o procediendo a adoptar instrumentos interpretativos por parte de los órganos creados por los tratados. Pero, ¿el Antropoceno y sus implicaciones pueden integrarse en los tratados? ¿bastaría con esta reestructuración?[49] Esta es una cuestión esencial del debate acerca de la inclusión del Antropoceno en los instrumentos internacionales. Si bien existen autores como Kotzé[50] o Robinson[51] que impugnan el marco jurídico establecido, e impulsan uno nuevo que parta de cero, con nuevos fundamentos y principios; otros autores, como Vordermayer, plantean la posibilidad de proceder a una adaptación de los instrumentos de los que hasta hoy disponemos fundamentalmente mediante la interpretación evolutiva que tenga en cuenta los hallazgos científicos[52]. No parece un debate sencillo.

---

48 Stephens, T., "What is the point of International Environmental Law Scholarship in the Anthropocene?", *Legal Studies Research Paper Series*, The University of Sydney Law School, nº 19/25, 2019, p. 124

49 Vordermayer, M., "Gardening the Great Transformation: The Anthropocene Concept's Impact on International Environmental Law Doctrine", *op. cit.*, p. 89.

50 Kotzé, L.J., "Rethinking Global Environmental Law and Governance in the Anthropocene", *op. cit.*

51 Robinson, N.A., "Fundamental Principles of Law for the Anthropocene?", *op. cit.*,

52 Vordermayer, M., "Gardening the Great Transformation: The Anthropocene Concept's Impact on International Environmental Law Doctrine", *op. cit.*, p. 89 y ss. Este mismo autor considera que "el actual corpus de [Derecho Internacional] puede tener algunas fallas de gran alcance a la luz del concepto del Antropoceno" (p.

De todas maneras, está clara la inadaptación de diferentes sectores normativos a la realidad existente. Como ya se ha indicado, varios son los ámbitos en los cuales puede verse la inadaptación del marco jurídico internacional al fenómeno del Antropoceno, como es el cambio climático, la subida del nivel del mar y el abordaje jurídico de la problemática generada por la existencia de los migrantes/refugiados climáticos. Sin pretensión de exhaustividad, brevemente se van a analizar estas cuestiones para constatar los retos normativos que plantea el Antropoceno, sin dejar de tener en el horizonte la realidad ártica[53].

3. EL CAMBIO CLIMÁTICO

Las verificaciones sobre la dimensión de los efectos provocados por el calentamiento global en el espacio ártico son incuestionables. Sólidas investigaciones empíricas han demostrado que desde 1979 la banquisa ha perdido cerca del 42% de su superficie, al pasar de 7,2 a 4,15 millones de km^2, mientras que el volumen de hielo plurianual (es decir, que ha permanecido al menos un verano) ha pasado del 55% a tan solo el 15% del volumen total, lo que demuestra su proceso de acelerada fundición y el descenso del espesor medio de la banquisa[54]. Desde el punto de vista científico es un hecho constatado que

---

112), por lo que su propuesta interpretativa puede no resultar útil con carácter general.

53 Sobre la interrelación de los fenómenos, véase Bodansky, D., "The Ocean and Climate Change Law. Exploring the Relationships", en Barnes, R., y Long, R., *Frontiers in International Environmental Law: Oceans and Climate Challenges: Essays in Honour of David Freestone,* Brill, 2021, p. 317

54 *National Snow and Ice Data Center (NSIDC)*, 2019, https://nsidc.org/ consultado el 2 de noviembre de 2022.

cerca de la mitad del calentamiento observado en la región ártica se debe a los gases que alteran el equilibrio de la capa de ozono, pertenecientes a la familia de los clorofluorcarbonos que, como es sabido, se caracterizan por un potente efecto invernadero[55].

Prohibidos desde 1987 por el protocolo de Montreal, se estimaba que podrían quedar disipados en el horizonte de cincuenta años. Sin embargo, la persistencia de este tipo de gases contribuye a la minoración de la capa de hielo y, por ende, a la reducción del reflejo de la radiación solar, de modo que, debido a la mayor absorción de calor en la superficie tiene lugar el aumento de su temperatura a la par que el derretimiento del permafrost, lo que provoca la liberación de nuevos gases de efecto invernadero, particularmente de metano. Es evidente que estos impactos aparecen asociados a una estrategia de aprovechamiento arraigada en el tiempo, incluso antes de que se percibiesen de manera precisa las manifestaciones del cambio climático. Bien conocidas a este respecto son las labores de extracción y de desarrollo de la navegación en el contexto de la economía planificada soviética o las operaciones mineras llevadas a cabo por Canadá en los años ochenta. Los datos evidencian un incremento considerable del tráfico por mar desde comienzos del siglo XXI, un movimiento ligado al tránsito por la Ruta del Norte y, en menor medida, por el Paso del Noroeste, merced a los buques que acceden al Ártico, y que aprovechan el aumento de las perspectivas abiertas a la navegación al amparo de la evolución técnica de las flotas de rompehielos como un indicador expresivo de la importancia que los países conceden al margen de posibilidades abiertas por el calentamiento climático en las altas latitudes, permitiendo así

---

55 Polvani, L.M., Previdi, M., England, M.R., Chlodo, G., y Smith, K.L. "Substantial twentieth-century Arctic warming caused by ozone-depleting substances", *Nature Climate Change*, n° 10, février 2020.

atender una variada y amplia gama de actividades (extracción minero-energética, pesca, abastecimiento de las comunidades locales y turismo[56]). Se trata, pues, de un territorio sometido a una actividad intensa, escasamente sensible con la fragilidad ecológica que lo caracteriza.

De ahí la importancia de traer a colación lo que representa, tanto a nivel internacional como específicamente para el ámbito que nos ocupa, el acuerdo adoptado en 2015 por la 21ª Conferencia de las Partes sobre la Convención Marco de Naciones sobre el Cambio Climático (en adelante, COP), en la que se adoptó el Acuerdo de París sobre el Cambio Climático[57]. Este instrumento, como afirma Rodrigo, "tiene una gran importancia simbólica en la comunidad internacional", tanto por los fracasos previos que impidieron adoptar un nuevo Protocolo que siguiera la estela de Kyoto, pero dieron lugar a un convenio y consigue establecer un "marco de protección de internacional de intereses generales"[58].

Obviamente constituye un avance importante el hecho de que se consiguiera adoptar un instrumento convencional, pero este texto presenta luces y sombras, en tanto que buena parte de sus disposiciones se caracterizan por ser de *soft law*. Evidentemente, aquí nos hallamos ante uno de los grandes dilemas

---

[56] Véase Nordblom, U., *Cruise tourism in the Arctic. Sustainability issues and protection of the marine environment in International Law*, University of Akureyri, 2016, p. 30 y ss.

[57] Sobre sus antecedentes, véase Campins Eritja, M., "De Kioto a París: ¿evolución o involución de las negociaciones internacionales sobre cambio climático?, *Instituto Español de Estudios Estratégicos*, Doc. 61/2015, 15 de junio de 2015.

[58] Rodrigo Hernández, A.J., "El acuerdo de París sobre el cambio climático: entre la impotencia simbólica y la debilidad sustantiva", en VVAA., *Retos para la acción exterior de la Unión Europea*, Tirant lo Blanch, Valencia, 2017, p. 409.

del Derecho Internacional[59]. La flexibilidad lleva a que los Estados se vean más cómodos en obligarse por estos instrumentos, pero la falta de obligatoriedad diluye los compromisos. Es el eterno debate entre universalización y normatividad, que en este caso se saldó a favor de la universalización, ya que, no en vano Estados Unidos devino en Estado parte, a pesar de la posterior retirada llevada a cabo por la administración Trump y el retorno del presidente Biden[60].

Por lo que respecta al contenido del acuerdo, la disposición clave es el artículo 2.1.a) que prevé como objetivo "mantener el aumento de la temperatura media mundial muy por debajo de los 2°C con respecto a los niveles preindustriales, y proseguir los esfuerzos para limitar ese aumento de la temperatura a los 1,5°C con respecto a los niveles preindustriales, reconociendo que ello reduciría considerablemente los riesgos y los efectos del cambio climático".

---

59 Sobre esta cuestión, véase Gamarra Chopo, Y., y Salinas, S., "El Derecho Internacional ante el s. XXI. Simposio de Zermatt, 1993", *Anuario Español de Derecho Internacional*, vol. X, 1994, p. 366.

60 Es interesante aclarar que la naturaleza jurídica convencional del Acuerdo de París desde la perspectiva del Derecho Internacional está clara. Otra cosa es el que desde Estados Unidos no se considere como tal. Pauwelyn y Andonova explican que estamos ante una cuestión de derecho constitucional estadounidense, ya que depende de si estamos ante *treaties, congressional-executive agreements* y *presidential-executive agreements,* cambian las condiciones de ratificación en el Senado. Estos autores señalan que conseguir una mayoría de 2/3 en un Senado de mayoría republicana es ciencia ficción. Sin embargo, en el caso del Acuerdo de París, ha bastado con una orden ejecutiva del presidente para que el consentimiento en obligarse se haya producido. Pauwelyn, J., y Andonova, L., "A Legally Binding Treaty or Not? The Wrong Question for Paris Climate Summit", *EJIL Talk!,* December 4, 2015, disponible en https://www.ejiltalk.org/a-legally-binding-treaty-or-not-the-wrong-question-for-paris-climate-summit/ consultado el 2 de noviembre de 2022.

Además, alude a "la capacidad de adaptación a los efectos adversos del cambio climático", para lo que hay que "promover la resiliencia al clima y un desarrollo con bajas emisiones de gases de efecto invernadero, de un modo que no comprometa la producción de alimento" (artículo 2.1. b)), al tiempo que pretende "situar los flujos financieros en un nivel compatible con una trayectoria que conduzca a un desarrollo resiliente del clima y con bajas emisiones de gases de efecto invernadero" (artículo 2.1.c)). Finalmente, se incluye el principio de responsabilidades comunes pero diferenciadas y las capacidades respectivas (artículo 2.2.).

Las tres áreas de acción, como es sabido, son la mitigación (artículo 3 a 6), la adaptación (artículo 7) y la necesidad de evitar pérdidas y daños (artículo 8). Las contribuciones determinadas a nivel nacional (NDC, en sus siglas en inglés) deben establecerse por cada Estado que los debe actualizar periódicamente y no puede retroceder en ellos en relación con la mitigación y reducción de las emisiones de gases de efecto invernadero. Ahora bien, es un acuerdo que plantea enormes retos técnicos y normativos, y que, como indica Fajardo "refleja una sociedad internacional profundamente dividida, en la que el consenso para su adopción se alcanza porque la flexibilidad de sus obligaciones lo permite y porque las cuestiones más conflictivas se proyectan en el futuro ya que se planifica su resolución una vez cruzado el límite crítico del año 2020."[61]

En la COP26 celebrada en Glasgow se ha podido analizar por vez primera el funcionamiento del sistema, y el balance es decepcionante. Como señala Fernández Egea "si tenemos en cuenta los compromisos de reducción anunciados por

---

[61] Fajardo del Castillo, T., "El acuerdo de París sobre cambio climático: sus aportaciones al desarrollo progresivo del Derecho Internacional y las consecuencias de la retirada de los Estados Unidos", *Revista española de Derecho Internacional*, vol. 70/1, 2018, p. 26

los Estados para 2030 [...] y de cumplirse éstos, el aumento de temperatura que experimentaremos en 2100 será de 2,4 grados según las predicciones realizadas por Climate Action Tracker. Si no hacemos nada, el aumento de temperatura será de 2,7 grados. A día de hoy, ya hemos superado los 1,1 grados respecto de los niveles pre-industriales"[62].

Si bien en Glasgow se mantiene el compromiso de no aumentar la temperatura en 1,5ºC, éste no parece un compromiso fácil de alcanzar, dado que es necesario reducir las emisiones en un 45% para 2030, cuando las reducciones que hoy constan en las NDC apenas llegan al 17%[63].

Y es que parece que la Comunidad Internacional no está a la altura del reto que plantea el cambio climático[64]. Así lo han señalado Fajardo y Campins: "como ya ocurriese con el Acuerdo de París sobre el Cambio Climático, el resultado final de la COP26 es un mal acuerdo, pero ha sido el único acuerdo posible"[65]. En este sentido, la Declaración de Glasgow no aborda con decisión

---

62 Fernández Egea, R.M., "Código Rojo en la lucha contra el cambio climático: lo que se pudo y no se pudo avanzar en la COP26 en Glasgow", en Aquiescencia.net, 14 de noviembre de 2021, disponible en https://aquiescencia.net/2021/11/14/codigo-rojo-en-la-lucha-contra-el-cambio-climatico-lo-que-se-pudo-y-no-se-pudo-avanzar-en-la-cop-26-en-glasgow/ consultado el 2 de noviembre de 2022.

63 Id.
No obstante, hay iniciativas, básicamente unilaterales, que buscan la neutralidad climática. El problema es que no son generalizadas.

64 Lázaro Touza, L., "COP26: mantener viva la esperanza de 1,5ºC en un contexto global endiablado", ARI 93/2021, de 10 de noviembre de 2021, disponible en https://www.realinstitutoelcano.org/analisis/cop26-mantener-viva-la-esperanza-de-15oc-en-un-contexto-global-endiablado/ consultado el 2 de noviembre de 2022.

65 Fajardo del Castillo, T., y Campins Eritja, M., "La COP26 de Glasgow sobre cambio climático: ¿truco o trato", *Revista catalana de Dret Ambiental*, vol. XII, núm.2, 2021, p. 5.

la cuestión de la financiación para que los países en desarrollo afronten los retos de mitigación y adaptación de sus NDC, pero es que éstos tampoco alcanzan compromisos de reducción en la medida en que lo "consideran una limitación inaceptable para sus soberanías"[66].

En definitiva, vamos por detrás de lo que la ciencia requiere para lograr los objetivos. El Secretario General de Naciones Unidas, Antonio Guterres, calificó el último informe del IPCC como un *código rojo para la humanidad*[67], pero sus demandas no fueron escuchadas en Glasgow. El balance decepcionante sobre los combustibles fósiles, especialmente sobre el carbón, un texto plagado de buenas intenciones, pero sin compromisos ciertos, las dificultades para avanzar en la financiación, y, sobre todo, el inmenso *gap* entre las reducciones de efecto invernadero y el objetivo de no aumentar la temperatura 1,5°C por encima de los niveles preindustriales, no permiten vislumbrar un futuro halagüeño. Y es que, como ha dicho Rajmani, el marco jurídico presenta serias limitaciones, porque no avanza al mismo ritmo que la ciencia, los compromisos que se alcanzan son ambiguos, lo que permite que los problemas se enconen y, en definitiva, el progreso es tan lento que la ventana de oportunidad para evitar el cambio climático está a punto de cerrarse[68].

Ello no impide iniciativas loables, como la de plantear una opinión consultiva al Tribunal Internacional del derecho del

---

66 Id.

67 Secretary-General Calls Latest IPCC Climate Report 'Code Red for Humanity', Stressing 'Irrefutable' Evidence of Human Influence, SG/SM/20847, 9 August 2021, disponible en https://www.un.org/press/en/2021/sgsm20847.doc.htm consultado el 2 de noviembre de 2022.

68 Rajamani, L., *Innovation and Experimentation in the International Climate Regime*, Collected Courses of the Hague Academy of International Law, vol. 404, 2020. Traducción propia.

mar o ante la Corte Internacional de Justicia en relación con las obligaciones de los Estados para combatir el cambio climático. Esta iniciativa, promovida por pequeños Estados insulares, como Vanuatu[69], pero también Antigua y Barbuda y Tuvalu[70], se plantea como un grito de auxilio en un contexto de emergencia climática extrema para estos Estados[71].

---

69 Gigova, R., "Vanuatu will seek International Court of Justice opinion on climate protection", CNN, Septemer 26, 2021, disponible en https://edition.cnn.com/2021/09/26/asia/vanuatu-climate-change-protection-rights-intl/index.html consultado el 2 de noviembre de 2022.

70 Arnadóttir, S., "Judicial Proceedings to Clarify International Law on Climate Change", CambridgeBlog, December 9, 2021, disponible en http://www.cambridgeblog.org/2021/12/judicial-proceedings-to-clarify-international-law-on-climate-change/ consultado el 2 de noviembre de 2022.

71 Savaresi, A., Kulovesi, K., y Van Asselt, H., "Beyond COP26: Time for and Advisory Opinion in Climate Change?", *EJIL: Talk!*, December 17, 2021, disponible en https://www.ejiltalk.org/beyond-cop26-time-for-an-advisory-opinion-on-climate-change/ consultado el 2 de noviembre de 2022.

Sobre esta cuestión, véase Bodansky, D., "Advisory opinions on climate change: some preliminary questions", *Review of European, Comparative & International Environmental Law,* vol. 1-8, 2023; Barnes, R., "An Advisory Opinion on Climate Change Obligations Under International Law: A Realistic Prospect?", *Ocean Development & International Law,* vol. 53 (2-3); y Holst, R.J.R., "Taking the current when it serves: Prospects and challenges for an ITLOS advisory opinion on oceans and climate change", *Review of European, Comparative & International Environmental Law,* vol. 1-9, 2022.

4. LA SUBIDA DEL NIVEL DEL MAR[72]

El estudio dado a conocer en 2013 por un prestigioso equipo de expertos estadounidenses[73] resulta particularmente interesante y expresivo cuando señala que el aumento global del nivel del mar, que cronológicamente experimenta una aceleración sensible desde la década de los sesenta del siglo XX, va a sufrir un importante incremento, estimado en una banda entre 18 y 48 cm en 2050 y entre 50 y 140 cm en 2100. La metodología utilizada se basa en el empleo de datos de previsible elevación destinados a identificar espacios susceptibles de vulnerabilidad – alta, media y baja – a las inundaciones. Se apoya, y de ahí su solvencia científica, en el uso de modelos digitales de elevación (Digital Elevation Models) y de detección y rango de luz (Light Detection and Ranging), gracias a los cuales las conclusiones obtenidas avalan la calidad de los resultados de cara a su demostración inequívoca y a la correcta toma de decisiones.

A partir de las consideraciones extraídas de esta información, es preciso llamar la atención sobre las implicaciones que todo ello trae consigo en un panorama espacialmente generalizado de litoralización intensiva de las formas de ocupación del espacio y de concentración de las poblaciones y las actividades económicas en el espacio costero, estrecho y limitado. De

---

72 Véase el monográfico de *Questions of International Law*, nº 91, 2022 sobre la subida del nivel de mar, especialmente Starita, M., "The impact of sea-level rise on baselines: a question of interpretation of UNCLOS or evolution of customary law?"; Caliguri, A., "Sinking States: the Statehood Dilemma in the Face of Sea-Level Rise"; y Cataldi, G., "Human Rights of People Living in States Threatened by Climate Change".

73 Cooper, H.M., Fletcher, C.H., Chen, Q., y Barbee, M.M., "Sea-level rise vulnerability mapping for adaptation decisions using LiDAR DEMs", *Progress in Physical Geography*, 2013.

ahí la necesidad de llamar la atención sobre el hecho de que las alteraciones oceánicas constituyen amenazas de alto riesgo para el equilibrio de estas áreas. Aspecto que, como acertadamente señala Briguglio, adquiere su máxima gravedad en los Estados insulares oceánicos, donde la configuración territorial viene definida por la insularidad, el aislamiento y su reducido tamaño[74].

En definitiva, uno de los efectos más perjudiciales del cambio climático es la subida del nivel del mar, consecuencia de la expansión del agua debido al aumento de la temperatura de los mares y al derretimiento de la criosfera[75]. Según el último informe del IPCC que analiza los océanos y la criosfera, las capas de hielo y los glaciares de todo el mundo han perdido masa. Desde Groenlandia a la Antártida la capa de nieve terrestre del Ártico disminuyó entre 1967 y 2018, 2,5 millones de km^2, y el hielo marino, entre 1979 y 2018, se ha reducido un 90%. Estos cambios en el Ártico pueden influir en latitudes medias. Además, los océanos se han calentado sin cesar desde 1970, y han absorbido más del 90% del exceso de calor en el sistema climático, lo que también está provocando la acidificación de la superficie y la pérdida de oxígeno. En consecuencia, el aumento del nivel del mar entre 1902 y 2015 es de 0,16 metros, con una tasa de aumento de 3,6 mm al año, siendo el deshielo de la criosfera la fuente principal de aumento del nivel del mar. Para 2100, el aumento se situaría entre 0,61 y 1,10 metros[76].

---

74 Briguglio, L., "Small island developing states and their economic vulnerabilities" *World Development*, 1995, vol. 23, issue 9, p. 1615 y ss.

75 IPCC, Special Report on the Ocean and Cryosphere in a Changing Climate, 2019, p. 323.

76 IPCC, Summary for Policymakers, IPCC Special Report on the Ocean and Cryosphere in a Changing Climate, 2019.
En esa misma línea cabría hacer mención a los cálculos efectuados por Figueroa en el litoral mediterráneo español, cuando alude al

Dada la importancia de esta cuestión, ha sido incluida en el programa de trabajo a largo plazo de la Comisión de Derecho Internacional (en adelante, CDI) desde 2018[77]. *La elevación del nivel del mar en relación con el derecho internacional* es, por tanto, uno de los temas cruciales consecuencia del cambio climático y con importante repercusión para buena parte de los Estados de la Comunidad Internacional, en la medida en que se estima que un tercio de éstos pueden verse afectados[78]. Esta afectación puede dar lugar a la inundación de las "zonas costeras bajas y de las islas[, y] hará que éstas sean cada vez menos habitables o que queden inhabitables, lo que daría lugar a su despoblación parcial o total"[79].

Evidentemente, esta situación impacta en el Derecho Internacional de varias maneras: "¿qué implicaciones [...] tiene la inundación de las zonas costeras bajas y de las islas en las líneas de base, en las zonas [marinas] que se extienden desde esas líneas de base y en la delimitación de las zonas [...], ya sea por acuerdo o por decisión judicial? ¿Qué efectos tienen los derechos de los Estados con respecto a esas zonas[...]? ¿Cuáles son las consecuencias en lo que respecta a la condición de Estado según el derecho internacional si el territorio y la población de un Estado desaparecen? ¿Qué protección tienen las personas

---

riesgo que afectaría a las playas españolas que llegarían a perder un 50% de superficie de media si el ascenso del mar llegara a alcanzar un metro. Figueroa, M.E., "La subida del nivel del mar perjudicará más al turismo", *El País*, 1 de febrero de 2022.

77 Sobre los retos que este tema plantea para la CDI, véase Galvao Teles, P., "Sea-Level Rise in Relation to International Law: A New Topic for the United Nations International Law Commission", *Global Challenges and the Law of the Sea*, 2020.
Véase, Informe de la Comisión de Derecho Internacional, 70º período de sesiones, A/73/10, 2018.

78 Id., p. 357

79 Id.

directamente afectadas por la elevación del nivel del mar con arreglo al derecho internacional?"[80]. En este sentido, resulta crucial conocer de qué herramientas dispone el Derecho Internacional para afrontar este reto y "dónde existe la necesidad de que los Estados busquen soluciones viables a fin de responder eficazmente a los problemas causados por la elevación del nivel del mar"[81].

Como puede comprobarse, no se trata de un tema baladí, sino que tiene graves y urgentes implicaciones para el Derecho Internacional, como son las referentes al Derecho Internacional del mar -líneas de base y extensión de la soberanía y jurisdicción del Estado sobre los espacios marinos-, pero también otras, como la condición de Estado o el estatus jurídico de las personas que se ven obligadas a abandonar sus Estados como consecuencia de la subida del nivel mar[82], cuestión a la que se dedicará el siguiente epígrafe, pero sin olvidar, obviamente la conexión entre este fenómeno y sus efectos sobre las personas[83].

---

80 Id.

81 Id., p. 358.

82 Sobre esta cuestión, considero muy interesantes las aportaciones de Martín Pascual, E., "La vulnerabilidad de los pequeños Estados insulares de baja latitud frente al cambio climático: una mirada desde los derechos humanos", en Zamora Cabot, F.J., Sales Pallarés, L., Marullo, M.C., y Felipe Pérez, B., *Aspectos destacados en la lucha frente al cambio climático,* Thomson Reuters Aranzadi, Cizur Minor, 2022.

83 Al respecto, hay que destacar la reciente decisión del Comité de Derechos Humanos sobre el asunto *Daniel Billy et al. c. Australia,* en cuya virtud se establece que la falta de diligencia en relación con la adopción de medidas de adaptación contra los efectos del cambio climático -entre los que destaca la subida del nivel del mar-, constituye una violación de los derechos humanos protegidos por el Pacto, más concretamente, se reconoce la violación del artículo 17 -derecho a la vida privada y familiar- y del artículo 27 -protección de las minorías-. Véase Human Rights Commitee, Views adopted by the

El que el Derecho Internacional vigente esté o no a la altura de este reto, ha suscitado un intenso debate entre los Estados. Cuando la CDI decide incluir en su programa de trabajo la subida del nivel del mar, lo hace afirmando que "en este tema no se propondrán modificaciones al derecho internacional vigente, como la Convención de Naciones Unidas sobre el Derecho del Mar de 1982"[84]. Diversos Estados, como China, Chipre, Grecia, Israel o Nueva Zelanda mantienen una postura conservadora, en cuya virtud prefieren mantener el marco jurídico vigente. Otros, sin embargo, como Fiji, Santa Sede, la República de Corea, Rumanía, Samoa, Eslovenia, o Sudáfrica, han sostenido que "los efectos de la elevación del nivel del mar no [están] cubiertos ni regulados por el derecho internacional vigente, y subrayaron que existía una necesidad apremiante de colmar esa laguna"[85].

En mi opinión considero que estamos ante un reto de enorme magnitud y sin precedentes, y ante el cual el Derecho Internacional vigente no tiene las herramientas idóneas para hacerle frente[86]. Y ello, tanto en relación con los efectos sobre el

---

Committee under article 5 (4) of the Optional Protocol, concerning communication No. 3624/2019, CCPR/C/135/D/3624/2019, distr. 22 September 2022.

84 Id., p. 360.

85 Comisión de Derecho Internacional, La elevación del nivel del mar en relación con el derecho internacional, Primer documento temático, preparado por Bogdan Aurescu y Niüfer Oral, copresidentes del Grupo de Estudios sobre el tema "La elevación del nivel del mar en relación con el derecho internacional", A/CN.4/740, 28 de febrero de 2020, Párr. 14.

86 Aznar Gómez es de la misma opinión cuando señala que "debe advertirse [...] que nos encontramos ante una situación -la del futuro jurídico de poblaciones y espacios -que difícilmente puede encuadrarse en un marco de análisis apoyado por conceptos teóricos claramente aceptados o práctica internacional consolidada o, al menos, en vías de consolidación. Ni los precedentes -de existir- son

Derecho Internacional del mar, como sobre la desaparición de los elementos constitutivos del Estado, como el territorio y la población.

Por lo que respecta a la primera de las cuestiones, conviene señalar que la International Law Association (en adelante, ILA) ha abordado el análisis de las implicaciones que la subida del nivel del mar tiene para el Derecho Internacional. En 2008, se creó el Comité sobre las líneas de base de acuerdo con el Derecho Internacional del mar, pero tras constatar que la subida del nivel del mar iba más allá -y tras reconocer que la línea de base normal es móvil (bajamar) y que el Derecho Internacional actual no aporta "una solución adecuada en el caso de pérdida de todo un territorio como la que, [...] podría producirse por la elevación del nivel del mar"-, se señaló que no debía replantearse el trazado de las líneas de base[87].

Tal y como se reflejó en la Resolución 1/2012 de Sofía, se creó un nuevo Comité que procediera a analizar de forma más amplia el papel que el Derecho Internacional debe jugar en relación con este fenómeno[88], y, como no puede ser de otra forma, aborda la pérdida del territorio, la cuestión de la población y, los derechos humanos, cuestiones éstas últimas sobre las

---

equiparables, ni el ordenamiento jurídico que los pudiera regir en cada momento se asemeja al actual. Nos encontramos, pues, ante una situación sin referencias fácticas y jurídicas". Aznar Gómez, M.J., "El Estado sin territorio: la desaparición del territorio debido al cambio climático", *Revista Electrónica de Estudios Internacionales,* nº 26, 2013, p.3.

87 Informe de la Comisión de Derecho Internacional 72º período de sesiones (26 de abril a 4 de junio y 5 de julio a 6 de agosto de 2021), A/76/10, Párr. 269.

88 Véase Vidas, D., Freestone, D., y McAdam, J., "International Law and sea level rise: The New ILA Committee", *ILSA Journal of International and Comparative Law,* vol.21-2, 2015, p. 397 y ss.

que han versado las resoluciones 5/2018 y 6/2018 adoptadas en la Conferencia de Sídney.[89]

Volviendo al trabajo de la CDI, son varios los elementos sobre los que se suscita debate. El primero no es otro que cómo la subida del nivel del mar afecta a las líneas de base, es decir si éstas son móviles o fijas, por lo que, de acuerdo con el último informe, se ha sugerido "que la Comisión [examine] más a fondo si [hay] o no un principio de estabilidad en el derecho internacional general, también estudiando el derecho de delimitación de los cursos fluviales", teniendo en cuenta el asunto Delimitación marítima en el mar Caribe y en el océano Pacífico (Costa Rica c. Nicaragua), "en el que la Corte utilizó una línea de delimitación móvil para establecer los límites"[90]. Estamos, sin duda, ante un tema clave, porque de la naturaleza de las líneas de base normales va a depender la extensión de la soberanía y jurisdicción de los Estados ribereños, así como el acceso a los recursos y la delimitación de los espacios marinos, como zonas económicas exclusivas y plataformas continentales de Estados situados con costas adyacentes o frente a frente.

En relación con la condición de Estado, es preciso plantearse que estamos ante una *cuestión existencial* que afecta, especialmente, a los pequeños Estados insulares en desarrollo (en adelante, PEID)[91]. Esta categoría de Estados, reconocidos por la Conferencia de Naciones Unidas sobre Medioambiente

89 Resolution 6/2018, Annex, Sydney Declaration of Principles on the protection of persons displaced in the context of sea level rise. Véase Vidas, D., Freestone, D., y McAdam, J., "International Law and Sea Level Rise", *Brill Research Perspectives in the Law of the Sea*, vol. 2(3), 2019.

90 Informe de la Comisión de Derecho Internacional 72º período de sesiones (26 de abril a 4 de junio y 5 de julio a 6 de agosto de 2021), A/76/10, Párr. 271.

91 Sobre las medidas adoptadas para intentar revertir este fenómeno, véase Yasunaga Kumano, M., "Los pequeños Estados insulares en

y Desarrollo, celebrada en Río de Janeiro en 1992, reúne a 38 Estados miembros de Naciones Unidas[92] y a 20 no miembros/miembros asociados[93]. Estos PEID, especialmente los pequeños Estados insulares del Pacífico, se encuentran en una situación crítica, y es que la subida del nivel del mar podría llegar a implicar una desaparición total o parcial del territorio del Estado y de su población, que, como sabemos, son dos de sus elementos constitutivos. Esto es, estaríamos ante nuevas Atlántidas producidas por el cambio climático[94].

---

desarrollo y los refugiados climáticos", *Instituto español de estudios estratégicos*, 110/2016, 28 de octubre de 2016.

92 A saber, Antigua y Barbuda, Bahamas, Bahrein, Barbados, Belice, Cabo Verde, Comoras, Cuba, Dominica, República Dominicana, Fiji, Granada, Guinea-Bissau, Guyana, Haití, Jamaica, Kiribati, Maldivas, Islas Marshall, Mauricio, Federación de Estados de la Micronesia, Nauru, Palau, Papua Nueva Guinea, Saint Kitts y Nevis, Santa Lucía, San Vicente y las Granadinas, Santo Tomé y Príncipe, Samoa, Seychelles, Singapur, Islas Salmón, Surinam, Timor-Leste, Tonga, Trinidad y Tobago, Tuvalu y Vanuatu. Véase https://www.un.org/es/conferences/small-islands#:~:text=Samoa%20Americana%2C%20Anguila%2C%20Aruba%2C,V%C3%ADrgenes%20de%20los%20Estados%20Unidos. Consultado el 2 de noviembre de 2022.

93 A saber, Samoa Americana, Anguila, Aruba, Bermudas, Islas Vírgenes Británicas, Islas Caimán, Mancomunidad de las Marianas del Norte, Islas Cook, Curazao, Polinesia Francesa, Guadalupe, Guam, Martinica, Montserrat, Nueva Caledonia, Niue, Puerto Rico, Saint Maarten, Turcos y Islas Caicos, Islas Vírgenes de los Estados Unidos. Véase https://www.un.org/es/conferences/small-islands#:~:text=Samoa%20Americana%2C%20Anguila%2C%20Aruba%2C,V%C3%ADrgenes%20de%20los%20Estados%20Unidos consultado el 2 de noviembre de 2022.

94 Sobre esta cuestión, véase Rayfuse, R., "International Law and Disappearing States: Utilising Maritime Entitlements to Overcome the Statehood Dilemma", *UNSW Law Research Paper*, nº 2010/52, 2010; Scholten, H.J., *Statehood and State Extinction: Sea Level Rise and Legal Challenges Faced by Low-Lying Island-States*, LLM International and European Law, University of Groningen, 2011 y Reynolds, J.,

5. LOS MIGRANTES/REFUGIADOS CLIMÁTICOS

Ya se ha señalado que una de las consecuencias de la subida del nivel del mar es la de generar importantes movimientos de población, pero estos movimientos de población no son únicamente causados por la subida del nivel del mar, sino que el cambio climático expulsa de su entorno a miles de personas al año. Las sequías e inundaciones están teniendo una terrible repercusión en este ámbito. Según el último informe de la Organización Internacional de las Migraciones (en adelante, OIM), en 2020 se produjeron 30,7 millones de nuevos desplazamientos como consecuencia de la crisis climática, sin implicar, la mayoría de ellos, el cruce de una frontera, por lo que son, fundamentalmente, desplazados internos. Se estima que se produjeron 46000 desplazamientos como consecuencia de temperaturas extremas y 32000 por sequías, aunque estos datos no son todo lo precisos que pudiera pensarse, en tanto que son muchos los Estados que no facilitan información al respecto[95].

La publicación por el Banco Mundial de un interesante informe sobre los desplazamientos humanos asociados a la crisis climática –*Groundsweel: Preparing for internal Climate Migration*– realiza, con la perspectiva puesta en el horizonte de 2050, aportaciones muy interesantes y expresivas sobre uno de los grandes problemas actuales de la humanidad. Destaca con especial insistencia la magnitud que, con visión prospectiva, puede alcanzar este fenómeno en tres áreas del mundo: el sureste asiático, América Latina y el África subsahariana, regiones en las que los desplazamientos asociados a los múltiples impactos del cambio climático pueden llegar a afectar, con la

---

"A Sinking Feeling: The Effect of Sea Level Rise on Baselines and Statehood in the Western Pacific", *Australian Yearbook of International Law,* 2020.

95 IOM, Chapter 9, World Migration Report 2022, Geneva, 2021, p. 5.

mirada puesta en la mitad del siglo, a más de 150 millones de personas[96].

El fenómeno reviste tanta trascendencia que algunos autores han llegado a identificar al siglo XXI como "el siglo de los refugiados climáticos", lo que justifica el hecho de que ya a comienzos de la centuria se hiciera alusión a la "urgencia de tener en cuenta esta realidad y elaborar un estatuto de refugiado pata los migrantes del clima"[97].

Como sabemos, la Declaración Universal de Derechos Humanos recoge en su artículo 13.2 el derecho a salir de cualquier país y a regresar al país de la nacionalidad, al tiempo que el 14.1 prevé el derecho a buscar asilo, pero ni la Convención de Ginebra de 1951 ni el Protocolo de 1967 recogen entre los motivos que justifiquen la protección internacional la necesidad de abandonar el territorio de un Estado por motivos climáticos, y no parece sencillo proceder a enmendar este instrumento con el objeto de incluirlo[98]. En este sentido, se considerará refugiado a aquella persona que "debido a fundados temores de ser perseguida por motivos de raza, religión, nacionalidad, pertenencia a determinado grupo social u opiniones políticas, se encuentre fuera del país de su nacionalidad y no pueda o, a causa de dichos temores, no quiera acogerse a la protección de tal país, o que, careciendo de nacionalidad y hallándose, a consecuencia de tales acontecimientos, fuera del país donde

---

96 Estimación ya señalada por John Vidal: "Global warming could create 150 million climate refugees by 2050", *The Guardian*, 3 November 2009.

97 Gardiner, D., "Le siècle des réfugies climatiques", *Le Monde Diplomatique*, Janvier 2007.

98 Merece la pena aludir a los esfuerzos del Parlamento Europeo en este sentido, véase Apap, J., "The concept of climate refugee. Towards a possible definition", *European Parliament Research Service*, PE 621.893, February 2019.

antes tuviera su residencia habitual, no pueda o, a causa de dichos temores, no quiera regresar a él" (artículo 1.A.2)). En esencia, estamos ante un instrumento fruto de una época, y en relación con el cual "resulta [...] difícil interpretar el fundado temor a ser perseguido sobre el que descansa la condición de refugiado, en un sentido tan amplio que permita incluir una *sui generis* "persecución climática"."[99]

En el marco regional se han producido avances, como es el caso de *la Convención de la Organización para la Unidad Africana sobre los Refugiados* de 1969 o de la *Declaración de Cartagena sobre los Refugiados* de 1984. Ambos instrumentos plantean la necesidad de abordar la figura del refugiado "proponiendo nuevos enfoques basados en las necesidades humanitarias de las personas en movimiento, incluyendo entre las causas del movimiento a las situaciones que han alterado gravemente el orden público, que, de cierta forma, podría resultar equiparable a la degradación ambiental". Pero ambos instrumentos presentan deficiencias. El primero recoge el requisito del "fundado temor a ser perseguidas", y el segundo no es vinculante[100].

El Comité de Derechos Humanos de Naciones Unidas ha tenido la oportunidad de enfrentarse al reto que presentan los movimientos transfronterizos de población consecuencia del cambio climático en el ya emblemático *asunto Teitiota*[101]. Este asunto trata de la denegación en Nueva Zelanda de la

---

[99] Gracia Pérez, D., "La tragedia de los pequeños Estados insulares en desarrollo: desplazamientos climáticos ante la subida del nivel del mar", *Anuario Hispano-Luso-Americano de Derecho Internacional*, vol. 24, 2019-2020, p. 261

[100] Borrás, S. y Villavicencio-Calzadilla, P., "El principio de no devolución en tiempos de emergencia climática: una revisión necesaria para la protección del refugio y el asilo climático", *Revista española de Derecho Internacional*, vol. 73/2, 2021, p. 404.

[101] Comité de Derechos Humanos, Dictamen aprobado por el Comité a tenor del artículo 5, párrafo 4 del Protocolo Facultativo con respecto

condición de refugiado climático del Sr. Ioane Teitiota y su familia, nacionales de Kiribati, que, como consecuencia del deterioro ambiental del antolón de Tarawa -salinización de los pozos y por tanto del agua potable, así como de las tierras cultivables, inundaciones, erosión, y, en consecuencia, hacinamiento y lucha por las tierras-, migraron a Nueva Zelanda. Si bien el Comité, en mi opinión, perdió una oportunidad de oro para dar forma a la categoría de refugiados climáticos, ha abierto la puerta a la extensión del principio de non-refoulement en relación con los solicitantes de protección internacional víctimas del cambio climático. Resumen Borrás y Villavicencio-Calzadilla las obligaciones que dimanarían del Pacto Internacional de Derechos Civiles y Políticos en relación con esta cuestión:

- "La obligación jurídica general impuesta a los Estados parte en el Pacto, referida al deber de proteger y de no extraditar, deportar o expulsar a una persona de su territorio, cuando existan motivos fundados para creer que existe un riesgo real de daños irreparables, como el contemplado en los arts. 6 y 7 del Pacto, debido a los efectos del cambio climático.
- El riesgo debe ser personal, no puede derivarse simplemente de las condiciones generales en el Estado receptor, excepto en los casos más extremos.
- La obligación de no extraditar, deportar o transferir de otro modo de conformidad con el art. 6 del Pacto puede ser más amplia y puede requerir la protección de extranjeros que no tienen derecho al estatuto de refugiado.
- La obligatoriedad para los Estados de permitir que todos los solicitantes de asilo que reclaman un riesgo real de violación de su derecho a la vida en el país de origen

de la comunicación núm. 2728/2016, CCPR/C/127/D/2728/2016, 23 de septiembre de 2020.

accedan a los procedimientos de determinación del estatuto de refugiado"[102].

Desde el *soft law* también se están produciendo avances en la tendencia a reconocer la existencia de los refugiados climáticos. En 1985 en el célebre informe El-Hinnawi se propuso la definición de refugiados ambientales como "those people who have been forced to leave their traditional habitat, temporarily or permanently because of a marked environmental disruption (natural and/or triggered by people) that jeopardized their existence and/or seriously affected the quality of their life"[103], lo que sentó las bases para la formulación de posibles normas internacionales. En este sentido, hay que destacar dos iniciativas, como son la formulación de los Principios de Nansen en la Conferencia Nansen sobre Cambio Climático y Desplazamiento en el s. XXI, de 2011 y la Agenda para la Humanidad de 2016. Los principios buscan reconceptualizar normas de Derecho Internacional que podrían utilizarse para enfrentar el reto que constituyen los movimientos de población consecuencia del cambio climático, pero también ponen de manifiesto la existencia de una importante laguna, especialmente en relación con los migrantes transfronterizos[104], lo que

---

102 Borrás, S. y Villavicencio-Calzadilla, P., "El principio de no devolución en tiempos de emergencia climática: una revisión necesaria para la protección del refugio y el asilo climático", *op. cit.*, p. 406.

103 El-Hinnawi, E., *Environmental Refugees*, United Nations Environment Programme, 1985, p. 4, disponible en https://digitallibrary.un.org/record/121267?ln=es consultado el 2 de noviembre de 2022.

104 Los principios Nansen son:

"I. Responses to climate and environmentally-related displacement need to be informed by adequate knowledge and guided by the fundamental principles of humanity, human dignity, human rights and international cooperation.

II. States have a primary duty to protect their populations and give particular attention to the special needs of the people most

ha dado lugar a la conocida como Iniciativa Nansen de 2012; y

---

vulnerable to and most affected by climate change and other environmental hazards, including the displaced, hosting communities and those at risk of displacement. The development of legislation, policies and institutions as well as the investment of adequate resources are key in this regard.

III. The leadership and engagement of local governments and communities, civil society, and the private sector, are needed to address effectively the challenges posed by climate change, including those linked to human mobility.

IV. When national capacity is limited, regional frameworks and international cooperation should support action at national level and contribute to building national capacity, underpinning development plans, preventing displacement, assisting and protecting people and communities affected by such displacement, and finding durable solutions.

V. Prevention and resilience need to be further strengthened at all levels, particularly through adequate resources. International, regional, and local actors have a shared responsibility to implement the principles enshrined in the Hyogo Framework for Action 2005-2015: Building Resilience of Nations and Communities to Disaster.

VI. Building local and national capacity to prepare for and respond to disasters is fundamental. At the same time, the international disaster response system needs to be reinforced. The development of multihazard early warning systems linking local and global levels is critical.

VII. The existing norms of international law should be fully utilized, and normative gaps addressed.

VIII. The Guiding Principles on Internal Displacement provide a sound legal framework to address protection concerns arising from climate- and other environmentally-related internal displacement. States are encouraged to ensure the adequate implementation and operationalization of these principles through national legislation, policies and institutions.

IX. A more coherent and consistent approach at the international level is needed to meet the protection needs of people displaced externally owing to sudden-onset disasters. States, working

la Agenda para la Humanidad, en la que el Secretario General hace un llamamiento al mundo para "prepararse para los desplazamientos transfronterizos debidos a desastres y al cambio climático."[105] Ahora bien, no contamos con un instrumento de *hard law* que aborde la cuestión. Otra oportunidad perdida la constituye el *Pacto Mundial para una migración segura, ordenada y regular*, que no presta la debida atención a este grave problema[106]. Por otro lado, no hay que olvidar que la desaparición de los Estados, podría dar lugar a la existencia de apátridas[107].

---

in conjunction with UNHCR and other relevant stakeholders, could develop a guiding framework or instrument in this regard.

X. National and international policies and responses, including planned relocation, need to be implemented on the basis of non-discrimination, consent, empowerment, participation and partnerships with those directly affected, with due sensitivity to age, gender and diversity aspects. The voices of the displaced or those threatened with displacement, loss of home or livelihood must be heard and taken into account, without neglecting those who may choose to remain."

En relación con la existencia de la laguna, véase el principio IX.

105 Una humanidad: nuestra responsabilidad compartida. Informe del Secretario General para la Cumbre Humanitaria Mundial, A/70/709, 2 de febrero de 2016, Párr. 88 y ss.
Sobre desastres y la respuesta del Derecho Internacional, véase Fernández Liesa, C.R., "Desarrollos del Derecho internacional frente a los desastres/catástrofes internacionales", A*nuario español de Derecho Internacional*, vol. 27, 2011, pp. 211 y ss.

106 Global Compact for safe, orderly and regular migration, 13 july 2018.

107 Como dice Sales, "tal y como establece la Convención para reducir los casos de apatridia de 1961, prevenir y evitar la apatridia está reconocido como un principio por el derecho internacional consuetudinario, por lo que el desarrollo de unas medidas de adaptación al cambio climático son imprescindibles. Así, los países desarrollados, bajo es auspicio de la [CMNUCC] se comprometieron a asistir a Estados especialmente vulnerables, por lo que, en el ámbito de las medidas de adaptación, tienen la obligación de proporcionar,

Finalmente, y en relación con el trabajo sobre la subida del nivel del mar desarrollado por la ILA, es preciso mencionar los principios adoptados en la Conferencia de Sídney de 2018[108]:

- "Principio 1: El deber primario y la responsabilidad de los Estados de proteger y asistir a las personas afectadas;
- Principio 2: Deber de respetar los derechos humanos de las personas afectadas;
- Principio 3: Deber de tomar una acción positiva;
- Principio 4: Deber de cooperar;
- Principio 5: Evacuación de las personas afectadas;
- Principio 6: Recolocación planificada de las personas afectadas;
- Principio 7: Migración de las personas afectadas;
- Principio 8: Desplazamiento interno de las personas afectadas;

como mínimo, los recursos económicos suficientes para que estos países puedan adaptarse al cambio climático, que tan severamente les perjudica, lo que no significa necesariamente que cooperen en la reubicación". Sales, D.J., *El reconocimiento y la protección jurídica internacional de las migraciones climáticas. Las realidades de los pequeños estados insulares en desarrollo,* Quaderns de dret ambiental, Universitat Rovira i Virgili, Tarragona, 2019, p. 73.
Sobre las medidas adoptadas por Australia y Nueva Zelanda, véase Martín Pascual, E., "Migraciones causadas por la subida del nivel del mar: un reto para el Derecho Internacional", *Revista catalana de Dret ambiental,* vol. IX, núm.2, 2018, p. 3 y ss., y Gracia Pérez, D., "La tragedia de los pequeños Estados insulares en desarrollo: desplazamientos climáticos ante la subida del nivel del mar", *op. cit.*, p. 262.

108 Resolution 6/2018, Annex, Sydney Declaration of Principles on the protection of persons displaced in the context of sea level rise.

- Principio 9: Desplazamiento transfronterizo de las personas afectadas;"

Estos principios, con un enfoque claramente antropocénico, persiguen reorientar las obligaciones actualmente existentes hacia la protección de las personas que se ven obligadas a abandonar sus hogares como consecuencia del cambio climático, pero, con todo, siguen sin avanzar hacia su conversión en un instrumento de *hard law*. Y es que, en definitiva, como señala Ochoa, el Derecho Internacional "vigente no proporciona un marco jurídico adecuado para responder a [las] necesidades [de estas personas]. De hecho, el propio término "refugiados climáticos" es debatido y no se ha incluido en ningún instrumento de *hard law*"[109].

---

109 Ochoa Ruiz, N., "¿Entre migración y refugio? Desplazamientos por causas climáticas e inadecuación normativa (I): la necesidad de buscar respuestas adecuadas en el ámbito universal y en ciertos espacios regionales", *Revista española de Derecho Internacional*, vol. 73/2, 2021, p. 390.

Esta visión también es compartida por Borrás, S. y Villavicencio-Calzadilla, P., "El principio de no devolución en tiempos de emergencia climática: una revisión necesaria para la protección del refugio y el asilo climático", *op. cit.*, y por Camargo-Farías, D.C., y Corredor-Naranjo, J.A., "Migraciones y medio ambiente: el sistema jurídico internacional frente a la figura de refugiado ambiental", *El Ágora USB*, vol. 21/1, 2021.

Sobre los esfuerzos para negociar un instrumento convencional al respecto, véase Sales, D.J., *El reconocimiento y la protección jurídica internacional de las migraciones climáticas. Las realidades de los pequeños estados insulares en desarrollo*, *op. cit.*, p. 99

6. LA CRISIS CLIMÁTICA EN EL ÁRTICO. LA PARADOJA POLAR

Comenzaba este capítulo con una aproximación a cómo el Antropoceno puede dar lugar a un replanteamiento del Derecho Internacional o al menos, de algunos sectores del Derecho Internacional, como el Derecho Internacional del Medio Ambiente. Somos conscientes de que el planeta sufre un deterioro constante y continuo, una degradación que ya ha provocado daños irreversibles en muchos ecosistemas. El Antropoceno plantea retos de gran importancia a nivel global y, ¿de qué forma puede darse esta respuesta? Stephen señala que hay dos vías posibles: una primera que partiría de que el Derecho Internacional del Medio Ambiente es inútil porque muchos de los ecosistemas de la Tierra han alcanzado un punto de no retorno, u otra, que reconocería que el cambio ambiental global condiciona los objetivos del Derecho Internacional y exige una nueva evaluación del contenido y de la eficacia de la regulación internacional[110].

Es un hecho comprobado que el calentamiento climático en el Ártico es más acelerado que el que se registra, como promedio, a escala mundial. El hecho de que este fenómeno coincida con la etapa en la que tiende a intensificarse el aprovechamiento de los recursos minero-energéticos entra en contradicción con los pretendidos, y a menudo declarados, esfuerzos a favor de la limitación de las emisiones de efecto invernadero. Es la dicotomía interpretada como la *paradoja polar*, pues en sí misma encierra una flagrante contradicción. Y es, mientras los Estados árticos hacen manifestaciones explícitas y reiteradas sobre su voluntad de reducir los impactos que deterioran el ecosistema, es obvio que al propio tiempo se aprovechan del aumento de la

110 Stephens, T., "What is the point of International Environmental Law Scholarship in the Anthropocene?", *op. cit.*, p. 124.

temperatura para efectuar las extracciones y la comercialización de hidrocarburos, lo que, como está comprobado también, contribuye al calentamiento que persiguen combatir. Se trata, en suma, de un bucle de interacciones que se retroalimenta permanentemente. El Ártico es un espacio que se encuentra sometido a un gran estrés ambiental, y, en consecuencia, a una importante inestabilidad. Como señaló en su informe especial sobre *El océano y la criosfera en un clima cambiante*, el IPCC dijo que "entre 2006 y 2015, el manto de hielo de Groenlandia perdió masa de hielo a un ritmo medio de 278 ± 11Gt/año", además "la extensión de nieve en el Ártico registrada en junio [de 2019] en tierra disminuyó en un 13,4 ± 5,4% por decenio de 1967 a 2018, lo que representa una pérdida de aproximadamente 2,5 millones de km^2, debido principalmente al aumento de la temperatura del aire en superficie [...]." "Las temperaturas del permafrost han aumentado a niveles sin precedentes desde la década de 1980 hasta la actualidad", y fue más allá al afirmar que "entre 1979 y 2018 es muy probable que la extensión de hielo marino del Ártico haya disminuido durante todos los meses del año. [...] Es probable que estos cambios del hielo marino registrados en septiembre no tengan precedentes en, al menos los últimos 1000 años. El hielo marino del Ártico se ha reducido, al mismo tiempo que se ha producido una transición a un hielo más joven: entre 1979 y 2018, la proporción de cobertura de hielo de varios años de, al menos, cinco años de antigüedad ha disminuido en aproximadamente un 90% [...]. Las retroalimentaciones de la pérdida de hielo marino en verano y del manto de nieve en primavera en tierra han contribuido al mayor calentamiento registrado en el Ártico [...] donde es probable que la temperatura del aire en superficie haya aumentado más del doble del promedio mundial durante los últimos decenios"[111].

---

111 IPCC, El océano y la criosfera en un clima cambiante, resumen para responsables de políticas, 2019, párr. A.1.1 a A.1.4.

Las señales de alarma han quedado claramente manifiestas al observar que el 20 de junio de 2020 la temperatura en la ciudad siberiana de Verkhoïansk, alcanzó los 38° C. Según la Organización Meteorológica Mundial (en adelante, OMM) nunca se había registrado una temperatura tan elevada en esa zona. El 14 de diciembre de ese año la OMM ha validado este récord térmico, subrayando que se trata de un indicador inequívoco sobre la gravedad del cambio climático[112].

El Ártico se encuentra de lleno en el Antropoceno[113]. Ello no impide la entrada en juego de la geopolítica en el Ártico, donde no sólo los Estados árticos, sino también terceros, como China o la UE están tomando posiciones. Ahora bien, como dice Robinson, la pérdida de glaciares o casquetes de hielo en los polos ya están transformando la geografía del planeta. Pero, ¿cómo y por qué los Estados perciben esto como un problema en gran medida local y no como una llamada a la acción global?, ¿por qué las políticas exteriores de los Estados proyectan el Ártico derretido como un lugar para una nueva competencia geopolítica por la explotación de los recursos naturales, en lugar de un espacio de cooperación para conservación de los océanos y el estudio científico?[114]

Supra ya se habló del cortoplacismo como un reto que el Derecho Internacional del Medio Ambiente debía superar para adaptarse a los retos que presenta el Antropoceno, pero siendo realistas, hoy, en el Ártico, no se plantea su preservación y conservación. Si bien el discurso medioambiental no queda fuera,

---

112 Sahuquillo, M.R., "Récord de temperatura en una de las ciudades más frías de Siberia: 38 grados", El País, 22 de junio de 2020.

113 Véase Summerhayes, C., Zalasiewicz, Vidas, D., y Williams, M., "Polar Regions in the Anthropocene", en Scott, K.N., y VanderZwaag, D.L., *Research Hadbook on Polar Law,* Elgar, 2020, p. 18 y ss.

114 Robinson, N., "Fundamental Principles of Law for the Anthropocene?", *op. cit.,* p. 14. Traducción propia.

el Ártico es un espacio de *desarrollo sostenible.* ¿Es adecuado este enfoque? Evidentemente, depende de cuáles sean las prioridades. Si la prioridad es lograr rédito económico de este espacio tan frágil, es mejor que esta explotación económica se haga desde el desarrollo sostenible. Ahora bien, en el Antropoceno, donde la inestabilidad y sus efectos a nivel mundial son, cuando menos, inquietantes, merece la pena detenerse a examinar si éste es el paradigma adecuado o debe éste replantearse.

Capítulo 2

La Agenda 2030 y el desarrollo sostenible. Especial referencia a la región ártica

1. INTRODUCCIÓN

La Agenda 2030, aprobada mediante la Resolución de la Asamblea General de Naciones Unidas 70/01 de 25 de septiembre de 2015 "Transformar nuestro mundo: la Agenda 2030 para el Desarrollo Sostenible", supone la consagración del desarrollo sostenible como un eje vertebrador de las relaciones internacionales, estableciendo las bases de hacia dónde debe orientarse la cooperación internacional hasta 2030.

Ahora bien, como es sabido, la propuesta del desarrollo sostenible ha recorrido un largo proceso histórico desde el conocido *informe Bruntdland* de 1987 hasta nuestros días. En este celebérrimo informe se plantea la necesidad de que el desarrollo sirva para satisfacer las necesidades presentes, pero sin comprometer la satisfacción de las necesidades de las generaciones futuras[115]. Como ha indicado Fernández Liesa "este enfoque intergeneracional se ha visto complementado por otros enfoques, como el medioambiental, desde la Cumbre de Río de 1992" que posteriormente "evolucionaría también hacia el enfoque de inclusión social, sobre todo desde la Cumbre de

115 Informe de la Comisión Mundial sobre el medio ambiente y el desarrollo, *Nuestro futuro común*, A/42/427.

Johannesburgo de desarrollo sostenible de 2002". Esta visión integradora del desarrollo sostenible se materializó en la Cumbre Río+20 de 2012[116], y se consolida con la Agenda 2030 y, no lo olvidemos, ha tenido su repercusión también en casos emblemáticos en la Corte Internacional de Justicia[117].

Es interesante destacar cómo ya en 1987 se afirma que los recursos son limitados, por lo que se debe proceder a replantear el modelo de desarrollo existente, basado únicamente en el crecimiento económico. No deja de ser llamativo cómo hasta 2015 no se universaliza y generaliza el concepto y se toma como eje de las relaciones internacionales, siendo ya 2015 un momento en el que la crisis climática es un hecho irrebatible.

La Agenda 2030, con todo, es un instrumento innovador. Señala Rodrigo que la Agenda 2030 "se caracteriza por tres rasgos: es universal, transformadora y tiene un enfoque integrado". Su universalidad se entiende en la medida en que afecta tanto a países en desarrollo, como países desarrollados, empresas y sociedad civil. El concepto de las alianzas previstas en el ODS17 es ilustrativo y sirve para visibilizar la interdependencia entre actores que se manifiesta en la realización del concepto de desarrollo sostenible. Y es aquí donde según Rodrigo destaca su *carácter transformador* porque su objetivo es "cambiar el mundo, [...] hacer un planeta mejor en que Estados y personas vivamos mejor". Ahora bien, creo que el elemento esencial

---

116 Fernández Liesa, C.R., "Transformaciones del Derecho Internacional por los Objetivos de Desarrollo Sostenible", en Fernández Liesa, C.R., y Manero Salvador, A., *Análisis de los comentarios de los Objetivos de Desarrollo Sostenible de las Naciones Unidas,* Thomson Reuters Aranzadi, Cizur Minor, 2017, p. 29.

117 En el asunto Gabcikovo-Nagymaros la Corte Internacional de Justicia (en adelante, CIJ) afirmó que "to reconcile economic development with protection of the environment is aptly expressed in the concept of sustainable development". Gancikovo-Nagymaros (Hungary/Slovakia) Judgement ICJ, Reports 1997, par. 140.

es su carácter integrador que, como dice este autor, "es el resultado de la indivisibilidad de los objetivos y metas porque el cumplimiento o incumplimiento de uno de ellos condiciona el de los demás", y también lo es porque "las tres dimensiones del desarrollo sostenible ya no se presentan ni operan de forma aislada"[118].

La integración de los tres pilares del desarrollo sostenible da lugar a la articulación de una serie de principios de Derecho Internacional, que se explicitan en la Declaración de Nueva Delhi sobre los principios de derecho internacional relativos al desarrollo sostenible aprobados por la ILA en 2002[119].

Los principios contenidos en la Declaración de Nueva Delhi serían los siguientes:

- "Obligación de los Estados de asegurar la utilización sostenible de los recursos naturales";
- "Principio de equidad y la erradicación de la pobreza";
- "Principio de las responsabilidades comunes aunque diferenciadas";
- "Principio del criterio de precaución aplicado a la salud humana, los recursos naturales y los ecosistemas";
- "Principio de participación pública y acceso a la información y la justicia";
- "Principio de buena gestión de los asuntos públicos"; y

---

118 Rodrigo Hernández, A.J., *El desafío del desarrollo sostenible*, Marcial Pons, Madrid, 2015, pp. 37 y 38.

119 Véase Carta de fecha de 6 de agosto de 2002 dirigida al Secretario General de las Naciones Unidas por el Representante Permanente de Bangladesh ante las Naciones Unidas y el Encargado de Negocios interino de la Misión Permanente de los Países Bajos ante las Naciones Unidas (Anexo), A/57/329 de 31 de agosto de 2002.

- "Principio de integración e interrelación, en particular en materia de derechos humanos y objetivos sociales, económicos y ambientales";

Estos principios constituirían el acervo normativo esencial del desarrollo sostenible, lo que no ha impedido que el desarrollo sostenible haya ido ampliando su contenido, y ello gracias a la Agenda 2030, que parte de una visión omnicomprensiva del desarrollo sostenible, lo que se refleja en los 17 ODS.

Estos 17 ODS van desde los más clásicos vinculados con los tres pilares – fin de la pobreza (ODS1), hambre cero (ODS2), trabajo decente y crecimiento económico (ODS8), acción por el clima (ODS13), vida submarina (ODS14), vida y ecosistema terrestres (ODS15)-, a nuevas perspectivas como la dedicada a la industria, la innovación y las infraestructuras (ODS9), energía sostenible y no contaminante (ODS7), ciudades y comunidades sostenibles (ODS11), producción y consumo responsables (ODS12) y, probablemente, las más innovadoras planteadas en los ODS16 -paz, justicia e instituciones sólidas- y ODS17 -alianzas para lograr los objetivos-.

Este concepto amplio de desarrollo sostenible es consecuencia de su *carácter dinámico o evolutivo*[120] que da lugar a la inclusión de la dimensión de la paz y la seguridad (ODS16), como "prerrequisitos imprescindibles para alcanzar el crecimiento económico sostenido, inclusivo y equitativo, es decir, el propio desarrollo sostenible y la erradicación de la pobreza y el hambre"[121].

---

[120] Rodrigo Hernández, A.J., *El desafío del desarrollo sostenible, op. cit.*, p. 59

[121] Como señala Rodrigo, "el desarrollo sostenible no se puede alcanzar sin paz y [...] está en peligro sin aquel. Asimismo, se reconoce la necesidad de construir sociedades inclusivas, justas y pacíficas que permitan el acceso a la justicia, que estén basadas en los derechos

La realidad ártica nos reconduce necesariamente a los ODS de carácter medioambiental y económico. Como consecuencia del deshielo ártico, se han facilitado las actividades económicas. No olvidemos que buena parte de las reservas de hidrocarburos del planeta se encuentran en el Ártico. El Servicio Geológico de Estados Unidos publicó un informe en 2009 en el que se señalaba que el 30% de los depósitos no explotados de gas y el 13% de los de petróleo se encontraban en el Ártico, así como otros minerales, como hierro, o níquel[122]. Trump, Kadenic y Linkov han señalado que buena parte de las actividades económicas que se desarrollan en el Ártico generan únicamente beneficios a corto plazo, que no producen beneficios económicos, ambientales o sociales a más largo plazo para las comunidades locales, en tanto que son actividades temporales que dan lugar a contaminación persistente en un ecosistema ya de por sí muy frágil. Además, señalan, que esta contaminación puede tener una absorción ambiental duradera que puede producir daños insostenibles a la flora y fauna árticas[123]. Así pues, nos hallamos en un contexto fuertemente extractivista, en el que el Ártico se configura como un espacio sometido a explotación económica intensiva. Baste señalar que, de los 599 espacios de extracción censados, un total de 222 se encuentran

---

humanos, en el estado de derecho y en instituciones efectivas que rindan cuentas". Id., p. 60

También, como indica este autor, se ha echado en falta la inclusión de la cultura como cuarto pilar del desarrollo sostenible. Id., pp. 60-62

122 Gautier, D.L.; Bird, K.J.; Charpentier, R.R.; Grantz, A.; Houseknecht, D.W.; Klett, T.R.; Moore, T.E.; Pitman, J.K.; Schenk, C.J.; Schuenemeyer, J.H.; Sorensen, K.; Tennyson, M.E.; Valin, Z.V.; y Wandrey, C.J., "Assessment of undiscovered oil and gas in the Arctic", *Science*, 2009, vol. 324, issue 5931.

123 Trump, B.D.; Kadenic, M.; y Linkov, I., "A sustainable Arctic: Making hard decisions", *Arctic, Antarctic and Alpine Research*, vol. 50, nº 1, 2018, p. e1438345-1 y -2.

ya en explotación en los mares de Barents, de Kara, de Beaufort y en Siberia[124]. Estos campos han producido en 2020 4 mil millones de barriles de petróleo y emitido 1,3 mil millones de toneladas de gases de efecto invernadero[125].

Ante esta tendencia conviene subrayar que el discurso de la sostenibilidad está muy presente en el Ártico. Como han dicho Petrov y otros, en el Ártico "sostenibilidad y desarrollo sostenible están inextricablemente vinculados a la explotación de los recursos"[126]. En este sentido, se va a analizar de qué manera la sostenibilidad está presente en este espacio, teniendo en cuenta la principal actividad de carácter extractivo que tiene lugar en la región, esto es, la minería y la extracción de hidrocarburos, así como el papel desempeñado por el Consejo Ártico, los Estados y los pueblos indígenas.

2. EL DESARROLLO SOSTENIBLE EN EL ÁRTICO

Como ya se ha indicado, el desarrollo sostenible parte de la imbricación de tres pilares, como son la protección del medio ambiente, el crecimiento económico y el desarrollo social.

---

124 Los espacios de referencia están delimitados por el Arctic Monitoring and Assessment Programme (AMAP), que funciona como grupo de trabajo del Consejo Ártico, Véase https://www.amap.no/

125 Aunque en 2020 estos datos representan el 7,6 % de la producción mundial, las estimaciones efectuadas por Rystad Energy calculan que pudiera elevarse hasta alcanzar el 20% en 2026 con posibilidad de situarse en torno a la tercera parte del volumen mundial en 2030. En este caso, el Ártico representaría el 15 % del incremento de la producción de petróleo y gas prevista en el mundo a lo largo de la tercera década del siglo XXI.

126 Petrov, A., BurnSilver, S., Chapin III, F.S., Fondahl, G.; Graybill, J.K.; Keil, K.; Nilsson, A.E.; Riedlsperger, R.; Schweitzer, P.; *Arctic Sustainability Research, Past, Present and Future,* Routledge, New York, 2017, p. 7.

Lograr un equilibro entre los tres no es fácil, especialmente en una región tan frágil y amenazada como el Ártico. Ya se ha dicho también que los efectos del cambio climático son dramáticos en el Ártico, por lo que establecer instrumentos de protección medioambiental constituye un importante e ineludible reto. Pero es que, además, buena parte de las prácticas contaminantes que afectan al Ártico tienen lugar fuera de la región, por lo que el reto entraña mayor dificultad si cabe. Por lo que atañe al crecimiento económico, el deshielo del Ártico no ha hecho sino acelerar la explotación económica de los recursos, así como la navegabilidad de sus aguas, pero también, el Ártico es un campo de experimentación para la energía sostenible, como ponen de manifiesto los proyectos de bioeconomía azul que se basan en los recursos acuáticos vivos, o la estación Snowflake, que funcionará con hidrógeno[127].

También constituye un reto la articulación del desarrollo social en una región en la que viven cerca de 4 millones de personas, medio de ellos conformado por comunidades indígenas[128], que ven en el desarrollo sostenible una oportunidad para superar, en muchos casos, una situación vital de marginación y pobreza. Por todo ello, el desarrollo sostenible constituye un importante reto para la región.

El desarrollo sostenible ha estado presente en el Ártico desde prácticamente su formulación. Pronto, el Consejo Ártico e, incluso, sus antecedentes, lo hicieron propio y se configuró en un eje transcendental de la progresiva explotación económica

127 William, S., "Sustainable Development in the Arctic: SDGs and the Role of the Arctic Council", *McGill Journal of Sustainable Development Law*, 6 May 2021, disponible en https://www.mcgill.ca/mjsdl/article/sustainable-development-arctic-sdgs-and-role-arctic-council#_edn1 consultado el 2 de noviembre de 2022.

128 Id.

del Ártico. En este sentido, conviene detenerse en cómo ha sido el tratamiento del desarrollo sostenible.

A. De la Estrategia de Protección Medioambiental del Ártico al Consejo Ártico: hacia un compromiso efectivo con el desarrollo sostenible

A finales de los años 80 del siglo XX, el medio ambiente ártico ya constituía una preocupación para los Estados de la región. Cabe llamar la atención sobre el discurso pronunciado por el recientemente fallecido Mijail Gorbachov en la ciudad de Múrmansk el 1 de octubre de 1987, que incluía seis propuestas de notable relevancia estratégica[129]. Dicho discurso ha sido considerado como el punto de partida de la voluntad para promover el desarrollo de la cooperación regional en el espacio ártico, con el propósito de que fuese concebido como un territorio pacífico para el despliegue de los proyectos científicos que pudieran ser acometidos por los diferentes Estados árticos. La iniciativa contemplaba la creación de un Consejo específico orientado a este fin, empeño en el que desde el primer momento Canadá y Finlandia mostraron una disposición plenamente favorable, aunque, frente a la sugerencia de Canadá de que fuese un organismo institucionalizado, la posición de Estados Unidos defendió, en cambio, la idea de que se tratase de un foro intergubernamental[130].

---

[129] Fueron las siguientes: delimitar una zona no nuclearizada en el norte de Europa, restringir las actividades navales en los mares adyacentes, desarrollar mediante la cooperación y la paz el aprovechamiento de los recursos naturales, promover la investigación científica, cooperar en materia de protección ambiental y abrir la ruta del norte soviético al tráfico internacional. Véase www.arctic.or.kr consultado el 2 de noviembre de 2022.

[130] Young, O, y Osherenko, G., *Polar Politics, Creating International Environmental Regimes*, Ithaca, Cornell University Press, 1993, p. 206.

Esta iniciativa puede ser interpretada como el precedente que, cuatro años después, condujo a que los ocho Estados árticos -los cinco ribereños, más Finlandia, Suecia e Islandia- acordaran, a iniciativa de Finlandia, la Estrategia de Protección Medioambiental del Ártico (en adelante, AEPS), en 1991. La AEPS contemplaba una serie de objetivos y principios, al tiempo que identificaba cuáles eran los problemas más graves y cuáles deberían ser las prioridades de la protección medioambiental del Ártico[131]. Además, creó el Arctic Monitoring and Assessment Programme (en adelante, AMAP) que iba a configurarse como el coordinador la acción de los Estados en este ámbito.

Consciente de que el Ártico es un territorio ambientalmente excepcional, dotado de una gran biodiversidad y de importancia esencial en la regulación del clima del planeta, la AEPS ya reconocía la importancia del desarrollo sostenible en la región, y afirmaba: "The use of natural resources is an important activity of Arctic nations. Therefore, this Strategy should allow for sustainable economic development in the north so that

---

131 El Programa de Desarrollo Sostenible del Consejo Ártico se basaba en el siguiente mandato:"the goal of the sustainable development program of the Arctic Council is to propose and adopt steps to be taken by the Arctic States to advance sustainable development in the Arctic, including opportunities to protect and enhance the environment, and the economies, cultures and health of indigenous communities and other inhabitants of the Arctic, as well to improve the environmental, economic and social conditions of Arctic communities as a whole". Founding document for the Arctic Council's Sustainable Development Program of February 5, 1998, where the Arctic Council adopts the terms of reference for the program, disponible en https://oaarchive.arctic-council.org/handle/11374/1658 consultado el 2 de noviembre de 2022.

such development does not have unacceptable ecological or cultural impacts."[132]

Esta postura se reproduce más tarde, en la Declaración de Unavik de 1996, en la que se afirma la necesidad "for sustainable development and use of resources in the Arctic for the benefit of indigenous peoples and other people living in the Arctic region" y se señala que la "AEPS is an essential component of a sustainable development approach in the Arctic" y enfatizaba "the importance of integrating the AEPS Programmes with Arctic economics and social initiatives to uphold the principles of sustainable development"[133]. Interesa asimismo destacar la participación por vez primera de comunidades indígenas – el Consejo Saami, la Conferencia Circumpolar Inuit y la Asociación de Minorías Indígenas del Norte, Siberia y el Lejano Oriente de la Federación Rusa – que tomaron parte activa en la negociación. En 1997 tuvo lugar en la ciudad noruega de Alta la última reunión de la AEPS para integrarse definitivamente en el Consejo Ártico[134].

El Consejo Ártico[135] hará suya esta perspectiva para integrar el desarrollo sostenible en uno de sus grupos de trabajo, el Grupo de Trabajo sobre Desarrollo Sostenible (en adelante,

---

132 Arctic Environmental Protection Strategy, Rovaniemi, June 14, 1991, pp. 6 y 7.

133 The Inuvik Declaration, 1996, p. 1 a 3.

134 The Alta Declaration, 1997.

135 Como es sabido, el Consejo Ártico es un foro intergubernamental compuesto por los ocho Estados árticos -Canadá, Dinamarca, Finlandia, Islandia, Noruega, Federación rusa, Suecia y Estados Unidos-, más seis pueblos indígenas -la Asociación internacional Aleutiana, el Consejo ártico atabascano, el Consejo internacional Gwich' in, el Consejo circumpolar inuit, la Asociación rusa de los pueblos indígenas del norte y el Consejo Saami-.

SDWG)[136]. No en vano, en la Declaración de Ottawa de 1996 por la que se crea este foro intergubernamental de cooperación, los Estados afirman su compromiso con el desarrollo sostenible, en relación con los tres pilares -económico, social y medioambiental[137]- y establecen que una de sus principales funciones va a ser "provide means for promoting cooperation, coordination and interaction among the Arctic States, with the involvement of the Arctic indigenous communities and other Arctic inhabitants on common Arctic issues, in particular issues of sustainable development and environmental protection in the Arctic".

Ahora bien, como ha indicado Williams, el Consejo Ártico también tenía en su mandato la protección del medio ambiente de la región, y aunque inicialmente se dio prioridad a la protección del medio ambiente, el desarrollo sostenible ha ido cobrando más protagonismo e importancia. De hecho, la tensión entre estos dos objetivos es una realidad que no es fácil de abordar por el Consejo[138].

---

136 Véase https://sdwg.org/ consultado el 2 de noviembre de 2022. Su mandato, previsto en la Declaración de Iqaluit, consiste en "facilitate completion of work on sustainable development proposals [...], propose possible priority areas in the further development of the sustainable development program, and review specific proposals and prepare them for approval by the Ministers". The Iqaluit Declaration- The First Ministerial Meeting of the Arctic Council, Iqaluit, Canada, September 17-18, 1998, párr. 8.

137 Así, señalan en el preámbulo "Affirming our commitment to sustainable development in the Arctic region, including economic and social development [...]"; "Affirming concurrently our commitment to the protection of the Arctic environment, including the health of Arctic ecosystems, maintenance of biodiversity in the Arctic region and conservation and sustainable use of natural resources".

138 William, S., "Sustainable Development in the Arctic: SDGs and the Role of the Arctic Council", *op. cit.*, y Hasanat, W., "Reforming the

Con el comienzo del nuevo siglo, el desarrollo sostenible se convierte en un elemento central de la actuación del Consejo Ártico. El *Sustainable Development Framework Document*, adoptado en la reunión ministerial de Barrow[139], insta a que el Consejo Ártico persiga y adopte proyectos de desarrollo sostenible y actividades de cooperación[140].

Arctic Council against increasing climate change", *Michigan State International Law Review*, vol. 22(1), 2013, pp. 195 y ss.

139 Sustainable Development Framework Document, Ministerial meeting in Barrow, October 12, 2000, disponible en https://oaarchive.arctic-council.org/handle/11374/1657 consultado el 2 de noviembre de 2022.

140 Para ello debe tener en cuenta:
"Sustainable Development must meet the needs of the present without compromising the ability of future generations to meet their own needs. Economic, social and cultural development are, along with environmental protection, interdependent and mutually reinforcing aspects of Sustainable Development and are all part of the Council s focus in this regard.
Capacity Building is, similarly, a necessary element for achievement of Sustainable Development and must be taken into consideration in the projects developed under the Program. The Program should, therefore, aim to increase capacity at all levels of society.
The Sustainable Development Program should leave future generations in the North with expanded opportunities, and promote economic activity that creates wealth and human capital, while simultaneously safeguarding natural capital of the Arctic.
The Sustainable Development Program should promote the integration of environmental considerations into all economic activities that may have a significant impact on the environment and human health in the Arctic States.
Sustainable Development must be based on sound science, traditional knowledge of indigenous and local people, and prudent conservation and management of resources, and it must benefit from and strengthen the innovative and educational processes of northern communities.

Esta visión del desarrollo sostenible debe extenderse a una serie de áreas, como la salud, las actividades económicas, la educación y el patrimonio, el bienestar de los niños y jóvenes, el tratamiento de los recursos y de las infraestructuras[141], por lo que el desarrollo sostenible tiene un claro enfoque holístico, que ha ido implementando el SDWG. Los Marcos estratégicos del SDWG "han elevado [la promoción del desarrollo sostenible en el Ártico mediante la mejora de las condiciones ambientales, económicas y sociales] a uno de los principios rectores del SDWG [...] para lograr una administración holística del Ártico", donde las comunidades indígenas tienen una importante presencia, así como un relevante papel a desempeñar a través del reconocimiento del derecho a la consulta previa e informada[142].

En el último *Strategic Framework* del SDWG se establecen una serie de prioridades para este grupo de trabajo, a saber, el fomento de la vitalidad comunitaria[143], la evaluación de las

---

The Sustainable Development Program requires coordination and synergy among Arctic Council working groups and other cooperative activities, and must be realized through a responsive public process, which may include local, regional and international initiatives. The Council will give high priority to those projects and activities that emphasize local leadership and implementation to ensure maximum long-term benefit to the community and regional level." Id.

141 Id.

142 Shibata, A., y Chuffart, R., "Sustainability as an integrative principle: The role of international law in Arctic resource development", *Polar Record*, vol. 56, 2020, p. 2. Traducción propia.
Véase también Atapattu, S., "Climate change, indigenous peoples and the Arctic: The changing horizon of International Law", *Michigan State International Law Review*, vol. 22, 2013, pp. 387 y ss.

143 En consonancia con la prioridad del Consejo Ártico de mejorar el bienestar de la población ártica, se persigue mejorar los conocimientos básicos sobre el desarrollo humano y los indicadores de

actividades económicas[144], el refuerzo de las oportunidades educativas[145], la protección del patrimonio y la cultura de las comunidades árticas[146], la salvaguarda de la salud humana[147], la mejora de las infraestructuras[148], la reducción/eliminación

---

la vitalidad de las comunidades para proporcionar herramientas a los retos demográficos, a los asentamientos urbanos, la ordenación del territorio y la movilidad. Para ello debe promoverse la relación entre la protección medioambiental y el bienestar, la resiliencia y la adaptabilidad de las comunidades. Sustanaible Development Working Group, The human Face of the Arctic, Strategic Framework, 2017, p. 7. Traducción propia.

144 Para ello, "se persigue reforzar el análisis y el seguimiento de las tendencias y de las actividades económicas en el Ártico, para incluir también las actividades de subsistencia, para potenciar el desarrollo económico, la inversión y políticas sostenibles y diversas." Id., p. 10. Traducción propia.

145 Con el objeto de "desarrollar las redes circumpolares y aprovechar las tecnologías innovadoras para reforzar el conocimiento y desarrollar las habilidades necesarias para mantener comunidades vibrantes en una región cambiante". Id., p. 10. Traducción propia.

146 Para ello, "se quiere profundizar en la comprensión global de los pueblos, las culturas, los modos de vida tradicionales, las lenguas y los valores de la región y promover los conocimientos tradicionales y locales; mantener las lenguas indígenas, los modos de vida y las prácticas tradicionales, incluidos los conocimientos sobre alimentación tradicional; y apoyar la identificación y promoción del patrimonio y las zonas de especial importancia cultural en el Ártico". Id., p. 10. Traducción propia.

147 Lo que se hará a través de "intercambio de información, de la realización de evaluaciones e innovaciones que puedan apoyar los sistemas de salud pública y la prestación de servicios sanitarios, con especial énfasis en proyectos que reduzcan el riesgo de muerte y la discapacidad por factores de riesgo ambiental, el suicidio y las enfermedades infecciosa". Id., p. 10, Traducción propia.

148 Y para ello, "es necesario proporcionar información sobre las inversiones responsables y sostenibles a largo plazo en el Ártico, teniendo en cuenta las necesidades actuales de las comunidades, así como la

de las desigualdades[149], el fomento de la ciencia y la investigación sobre desarrollo sostenible[150], también la participación en el desarrollo empresarial sostenible[151], la energía sostenible[152], el transporte[153] y el acceso al agua y a los servicios sanitarios[154].

---

evolución del medio ambiente, mediante esfuerzos independientes y en coordinación con otros órganos subsidiarios y grupos de trabajo". Id., p. 10. Traducción propia.

149 Así, es importante "reforzar y promover la adopción de políticas sólidas para la eliminación de las desigualdades basadas en la edad, el sexo, la discapacidad, la raza, la etnia, el origen, la religión o la situación económica o de otro tipo". Id., p. 11. Traducción propia.

150 Por lo que hay que "facilitar el buen uso de las instituciones de investigación y los amplios recursos intelectuales de la región ártica en beneficio del desarrollo sostenible, incluso mediante intercambios académicos e investigación conjunta en el Ártico". Id., p. 11. Traducción propia.

151 Así, hay que "explorar las formas de desarrollo económico, incluso en sectores nuevos y emergentes, y evaluando sus posibles beneficios, como la creación de empleo y la promoción de la cultura y los productos locales". Id., p. 11. Traducción propia.

152 Para lo que hay que "promover la gestión, el uso y el desarrollo responsables y sostenibles de la energía y los recursos, así como enfoques innovadores que fomenten las energías renovables incluso en las comunidades árticas más remotas". Id., p. 11. Traducción propia.

153 De manera que hay que "fomentar el desarrollo de infraestructuras de transporte sostenibles y corredores tradicionales que aumenten las capacidades de movimiento eficiente de personas y mercancías que tengan implicaciones para las comunidades del Ártico, a menudo en cooperación con otros órganos subsidiarios del Consejo." Id., p. 11. Traducción propia.

154 Por lo que hay que "reforzar la participación de las comunidades locales en la mejora de la gestión sostenible del agua, el saneamiento y la eliminación de residuos, teniendo en cuenta los singulares retos de ingeniería y los riesgos medioambientales a los que se enfrenta la región". Id., p. 11. Traducción propia.

Para lograrlo, se contemplan una serie de principios rectores como la cooperación circumpolar, la consecución de objetivos concretos, la colaboración, la gestión integrada de los tres pilares del desarrollo sostenible- que deben basarse en la dimensión humana-, la innovación, la integración de los pueblos indígenas y sus conocimientos tradicionales y locales, el compromiso inclusivo, la educación y divulgación públicas y la capacidad de respuesta[155]; que deben ser capaces de responder a los retos -fomentar la preeminencia y el entendimiento de la dimensión humana del desarrollo sostenible, el acceso directo a experiencias de desarrollo sostenible, y el fomento de la diversificación económica del Ártico- y a las oportunidades -incremento de la concienciación sobre el Ártico y el papel del Consejo Ártico, la preeminencia y el reconocimiento de los ODS, el reforzamiento de la cooperación entre los grupos de trabajo, y el incremento de la cooperación interregional en el Ártico-.[156]

Como se puede ver, el desarrollo sostenible se plantea como un eje vertebrador de la actuación del Consejo Ártico en un contexto complejo como es al que actualmente se enfrenta el Ártico. Ahora bien, este marco fue formulado en 2017, dos años después de la aprobación de la Agenda 2030 en Naciones Unidas, y, como se puede apreciar a simple vista, no existe una correlación entre los ODS y las prioridades del SDGW. A lo sumo se puede señalar que el grupo de trabajo reconoce como una oportunidad *la preeminencia y el reconocimiento de los ODS*, pero en ningún caso se produce un alineamiento con éstos.

No obstante, también en 2017, con el inicio de la presidencia finlandesa del Consejo Ártico, se reconoció la importancia

---

155 Id., pp. 14 y 15

156 Id., pp. 20 a 22.

de la Agenda 2030[157]. En este sentido, merece la pena señalar de qué manera esta presidencia tenía como prioridad la sostenibilidad en el Ártico[158]. El programa afirmaba que "The Arctic Council Member States and the Permanent Participants representing indigenous peoples are committed to environmental protection and sustainable development in the Arctic"[159], y, se reconoce el alcance global de la Agenda 2030, de manera que se plantea la posibilidad de explorar cómo la Agenda 2030 puede aplicarse a la cooperación ártica para beneficiar a las personas y a la naturaleza[160].

Conviene detenerse en el análisis relativo a de qué manera se reconoce la aplicabilidad de los ODS en el Ártico. Para la presidencia finlandesa dos son los sectores en los que la Agenda 2030 es aplicable. La primera es la relativa a la *Red pan-ártica de áreas marinas protegidas*: "the United Nation's 2030 Agenda for Sustainable Development calls for conserving at least 10 percent of coastal and marine areas by 2020. This is addressed by the Framework for a Pan-Arctic Network of Marine Protected

---

157 La anterior presidencia, en manos de Estados Unidos, se limitaba a mencionar el desarrollo sostenible como uno de los ámbitos de actuación del Consejo Ártico. Véase US Chairmanship 2015-2017, One Arctic, Arctic Council, 2015. En la Conferencia ministerial de fin de mandato, se incluye una referencia a la necesidad de realizar los ODS para 2030. Véase Fairbanks Declaration, 11 May 2017.

158 "Finland is committed to work on the application of SDGs in the Arctic. Finland is one of the first to star implementing the SDGs". Kim, Y.H., Young, O.R., Corell, R.W., Kim, J.D., "Overview: Building Capacity for a Sustainable Arctic in a Changing Global Order", *The Arctic in World Affairs. A north Pacific Dialogue on Building Capacity for a Sustainable Arctic in a Changing Global Order*, Korean Maritime Institute, 2017, p. 8

159 Finland's Chairmanship Program for the Arctic Council, 2017-2019, Exploring Common Solution, Arctic Council, 2017, p. 5.

160 Id.

Areas (2015)."[161] En segundo lugar, se reconoce la importancia de la Agenda 2030 en relación con el *bienestar de las personas*. Así, se dice que "the human dimension of the Arctic Council's work covers such areas as health, water, energy, infrastructure, and indigenous cultures and languages, and thus contributes to the implementation of the Sustainable Development Goals of the United Nations 2030 Agenda. Finland proposes to explore how SDGs can be further used in strengthening the economic and social progress and cultural self-expression of Arctic communities. sustainable development builds on strong basic education, sustainable work, and well-functioning health and social services. The goal must be to ensure the positive future perspectives of the inhabitants and to improve the safety of communities in the Arctic"[162].

Ahora bien, la presidencia finlandesa se topó con un importante obstáculo en la consecución de sus objetivos, que, como bien ha narrado Koivurova, fue la postura obstruccionista de Estados Unidos durante todo el mandato, que no en vano, supuso el fracaso de la reunión ministerial de Rovaniemi. Para Finlandia una de sus prioridades era la implementación de los "UN Sustainable Development Goals via the Arctic Council"[163],

---

161 Id., p. 12. Véase Manero Salvador, A., "La protección ambiental del Ártico y la Agenda 2030", *op. cit.*, p. 24.

162 Finland's Chairmanship Program for the Arctic Council, 2017-2019, Exploring Common Solution, Arctic Council, 2017, p. 14. Véase Manero Salvador, A., "La protección ambiental del Ártico y la Agenda 2030", *op. cit.*, p. 25.

163 Koivurova, T., "Lessons from the Finland's Chairmanship of the Arctic Council: What will Happen with the Arctic Council and in General Arctic Governance", *The Yearbook of Polar Law,* vol. XII, 2020, p. 201.
Véase también Koivurova, T., "Is the End of the Arctic Council and Arctic Governance as we know it?", *The Polar Connection,* 11 December 2019, disponible en https://polarconnection.org/

ante lo cual Estados Unidos mantuvo una posición de rechazo[164], en consonancia con la consideración de la administración Trump de que el Ártico no era un espacio de cooperación pacífica, sino un espacio de tensión geopolítica[165].

No obstante, la presidencia islandesa (2019-2021) ha mantenido el desarrollo sostenible como eje vertebrador: "with sustainable development as an overarching theme, Iceland will highlight four priorities: The Arctic Marine Environment, Climate and Green Energy Solutions, People and Communities in the Arctic and a Stronger Arctic Council"[166]. De hecho, el enfoque de la presidencia islandesa del desarrollo sostenible tiene una clara prioridad medioambiental[167].

Esta perspectiva se ha visto reflejada en el Plan Estratégico del Consejo Ártico (2021-2030). Los objetivos 4 y 5[168] se centran

---

arctic-council-governance-timo-koivurova/ consultado el 2 de noviembre de 2022.

164 Cuenta Koivurova la siguiente situación "when I presented our work to the SDWG, at first the US representative said that I can talk of UN SDGs in general, but not of individual goals of the UN SDGs. Then, in the February 2019 SDWG meeting, the US representative asked me not to refer anymore to the UN SDGs at all". Id., p. 203.

165 Koivurova, T., "Lessons from the Finland's Chairmanship of the Arctic Council: What will Happen with the Arctic Council and in General Arctic Governance", *op. cit.*, p. 205

166 Iceland's Arctic Council Chairmanship 2019-2021, Together Towards a Sustainable Arctic, Arctic Council, 2019.

167 "Effective mitigation and adaptation strategies are needed to address the adverse impacts of Arctic climate change. The Arctic States and their partners must also ensure that new economic activities made possible by the decline of sea ice will be pursued in a sustainable manner. Balance must be sought between the three pillars of sustainable development -economic growth, social inclusion and environmental protection-." Id.

168 Que dispone: "advance cooperation on sustainable and diverse economic development in the Arctic, promote economic cooperation,

en el desarrollo sostenible. El primero de ellos se formula en los siguientes términos: "enhance work aimed at social and cultural inclusion and at improving health, safety, resilience, and well-being of all Arctic inhabitants with a particular focus on Indigenous Peoples"[169]. Y prevé una serie de metas a acometer por el Consejo:

"4.1 strengthen cooperation that improves the health, safety and long-term well-being of Arctic inhabitants in general and of its Indigenous Peoples in particular; and integrate social considerations into all relevant activities;

4.2 continue to improve safety for all Arctic inhabitants and visitors by identifying and studying emerging natural and human-induced disaster risks, and developing prevention, preparedness, response and mitigation measures that seek to limit adverse environmental, social and economic impacts;

4.3 continue to promote public health through work dedicated to preventive measures and high-quality health care, adapted to and suitable for the region and its cultures and demography in terms of specific challenges, addressing in particular mental health and elevated suicide risk in many Arctic communities;

4.4 enhance work on communicable diseases, epidemics and pandemics, focusing on Arctic conditions, in order to identify preventive and response measures appropriate for the Arctic and its inhabitants;

---

knowledge and information sharing on innovative, sustainable and low-emission technologies, for the benefit and increased resilience of all Arctic inhabitants with a particular focus on Indigenous Peoples;"

169 Arctic Council Strategic Plan 2021 to 2030, Reykjavik, 20 May 2021, p. 2

4.5 promote gender equality and non-discrimination in the Arctic with the aim of contributing to sustainability and balanced participation in leadership and decision making both in the public and private sectors;

4.6 encourage meaningful engagement with youth across the Arctic in a manner that can both support and inform the Council's work and empower Arctic youth;

4.7 promote quality, culturally appropriate, education for all Arctic inhabitants, including in cooperation with educational institutions in the Arctic region, the University of the Arctic and other relevant organizations;

4.8 promote respect for Arctic Indigenous Peoples, taking due note of the United Nations Declaration on the Rights of Indigenous Peoples, and encourage participation in the United Nations International Decade of Indigenous Languages (2022-2032);

4.9 inform and involve the local level in activities on Arctic issues as appropriate and encourage cooperation between Arctic regions and people-to-people contact."[170]

Por su parte, el segundo consiste en: "advance cooperation on sustainable and diverse economic development in the Arctic, promote economic cooperation, knowledge and information sharing on innovative, sustainable and low-emission technologies, for the benefit and increased resilience of all Arctic inhabitants with a particular focus on Indigenous Peoples;"[171] Y prevé que la acción del Consejo Ártico es:

"5.1 enhance cooperation on development and promotion of favorable conditions for sustainable investments and economic activities in the Arctic;

---

[170] Id., p. 5

[171] Id., p. 2.

5.2 continue to encourage sustainable development of low emission Arctic economies, including in cooperation with relevant fora, in order to build vibrant and healthy Arctic communities for present and future generations;

5.3 provide guidance to decision-makers on securing and diversifying livelihoods;

5.4 support and encourage the transition towards sustainable and low-emission societies, including through the use of clean technology, innovation and circular economy;

5.5 seek to align sustainable economic development with traditional ways of living respecting the rights, cultures and history of the Indigenous Peoples in the Arctic;

5.6 promote responsible and integrated approaches to resource development in the Arctic, including the development of environmentally and culturally sustainable tourism;

5.7 continue to address the issue of physical and digital connectivity as a crosscutting theme and an important prerequisite for sustainable socio-economic development, transport, search and rescue and other activities in the Arctic."[172]

Como se puede apreciar, no hay referencia alguna a la Agenda 2030, aunque no deja de ser significativo que el horizonte de ambos instrumentos sea el año 2030[173]. Como ha afirmado

---

172 Id., p. 5 y 6.

173 "The choice of 2030 as a target for this conference reflects several considerations. This date take us far enough into the future to encourage innovative thinking, without going beyond the bounds of what can be analyzed in a systematic way. In addition, 2030 has emerged as an important date in the work of both the Arctic Council and the United Nations. The Arctic Council has selected 2030 as the target date for its ongoing process of strategic planning. The implementation period for the UN's Sustainable Development Goals runs through 2030, and the UN has launched what has become

Koivurova, la Agenda 2030 es relevante para el Ártico, pero no ha estado claro de qué manera la Agenda 2030 podría introducirse en el trabajo del Consejo Ártico, en la medida en que la promoción del desarrollo sostenible en el Ártico no ha sido objeto de análisis por Naciones Unidas. Ello no ha impedido que la presidencia finlandesa apostara por este tema, en tanto que también es un compromiso nacional, y la Agenda ha avanzado sustancialmente en su implementación doméstica, pero también desde el Consejo Ártico se han estrechado los lazos con la Agenda 2030, fundamentalmente a través del *Strategic Framework* del SDWG[174].

Por su parte, la presidencia rusa del Consejo Ártico, iniciada en 2021, preveía contribuir a los esfuerzos regionales para implementar la Agenda 2030[175], y, en consecuencia, mantenía el compromiso con el desarrollo sostenible en la región, aunque la explotación de los recursos árticos era su verdadera prioridad[176]. Así, señalaba en su documento de prioridades que "Russia intends to prioritize work aimed at improving the well-being, health and quality of life of Arctic inhabitants, including Indigenous peoples, and at ensuring progressive growth, based, above all, on sustainable economic development in the region. The increasing positive potential

---

known as Agenda 2030 for Sustainable Development". Kim, Y.H., Young, O.R., Corell, R.W., Kim, J.D., "Overview: Building Capacity for a Sustainable Arctic in a Changing Global Order", *op. cit.*, p. 44.

174 Koivurova, T., "Finland's Chairmanship Program for the Arctic: Setting Priorities", *The Arctic in World Affairs. A north Pacific Dialogue on Building Capacity for a Sustainable Arctic in a Changing Global Order*, Korean Maritime Institute, 2017, p. 52.

175 Russia's Chairmanship Priorities for the Arctic Council 2021-2023, Arctic Council, 2021, p. 19.

176 Gladun, E., y Zakharova, O., "Russian Arctic Policy Supporting the 2030 Agenda for Sustainable Development in the Arctic", *Current Developments in Arctic Law*, vol. 8, 2020, p. 22

of the Arctic must be used to ensure prosperity and progress for all polar residents and to promote scientific, educational and cultural exchanges, tourism, and people-to-people contacts. It is important to talk not only about Arctic's vulnerability to climate change, but also about the region's prospective contribution -through its natural, energy and transport resources- to energy transition to a climate-neutral economy and thus to meeting the goals and targets of the 2015 Paris Climate Agreement".[177] No deja de llamar la atención la utilización del término *sustainable economic development/sustainable development growth*[178], y es que las prioridades rusas en el Ártico se enmarcan en una serie de grupos temáticos, algunos de ellos centrados en las posibilidades de explotación económica, como es el caso del grupo temático sobre desarrollo de infraestructuras y navegación sostenible o el grupo temático sobre turismo. Otros grupos temáticos son el relativo al desarrollo del capital humano en el Ártico, el de los pueblos indígenas, el de la juventud ártica, el centrado en cambio climático, en prevención de emergencias, programa cultural, cooperación internacional y cooperación científica[179].

En definitiva, si bien no existe un alineamiento claro con la Agenda 2030, el desarrollo sostenible se ha configurado como un objetivo y como un principio normativo, probablemente de naturaleza consuetudinaria, también para el Consejo Ártico. Esta visión parte de la necesidad de alcanzar un muy difícil equilibrio entre la explotación de los recursos árticos y mitigar y adaptar esta región a los efectos devastadores del cambio climático. Salvo la anomalía que puede constituir la

---

177 Russia's Chairmanship Priorities for the Arctic Council 2021-2023, Arctic Council, 2021, p. 7.

178 Véase Id., p. 1.

179 Id.

postura negacionista de la administración Trump[180], desde la presidencia finlandesa, el desarrollo sostenible impregna toda la actividad del Consejo Ártico. No en vano, en la última conferencia ministerial celebrada en Reikiavik en mayo de 2021, los representantes de los ocho Estados árticos, junto con los representantes de los seis participantes permanentes insistieron en su compromiso con el desarrollo sostenible, en que las actividades económicas deben ser sostenibles y transparentes[181], e incluso reafirmaron la importancia de la Agenda 2030 y la necesidad de proceder a su efectiva implementación[182]. Con todo, se insiste en la explotación de los recursos[183].

B. Las actividades económicas en el Ártico

En el apartado anterior se ha analizado de qué manera la Agenda 2030 ha ido penetrando en los planteamientos y objetivos del Consejo Ártico. La Agenda 2030 se caracteriza por su alcance global y, aunque no dedica un objetivo o una meta exclusivamente al Ártico, los ODS son aplicables a este espacio. De hecho, "the current sustainable development agenda, primarily defined by the UN Sustainable Development Goals [...]

180 Sobre el protagonismo del desarrollo sostenible en la política ártica de Estados Unidos, véase Canuel, E., "Sustainable Development, Natural Resource Extraction and the Arctic: the Road Ahead", *Alaska Law Review*, vol. 33 (1), 2016, pp. 31 y ss.

181 Reykjavik Declaration, 20 May 2021, p. 1.

182 Id., p. 5.

183 "Reaffirm the importance of further developing sustainable economic growth in the Arctic, acknowledge the role of responsible resource management and sustainable economic development for livelihoods in the region, support, in cooperation with relevant stakeholders, concrete ways to further promote sustainable economic activities and encourage innovation and entrepreneurship". Id., p. 9, párr. 14.

although global in reach and ambition, has not been designed with Polar Regions in mind. As a result, [the UN Sustainable Development Goals], and their respective indicators, are not specific enough to give guidance in all decisions made concerning Polar Regions".[184]

Esto es, es preciso llevar a cabo un proceso de adaptación de la Agenda 2030 a las regiones polares, especialmente al Ártico[185], en la medida en que la Antártida no es susceptible de explotación económica. Así, el Ártico se ha convertido en pocos años en un espacio sometido a diferentes actividades económicas, desde la extracción de combustibles fósiles, a la minería, la navegación, el turismo y la pesca. Desde el Consejo Ártico y desde otras instancias, como la Organización Marítima

---

[184] EU- PolarNet, Deliverable 2.8. Set of white papers addressing priority questions in polar research and targeting funding agencies and policy makers, 2019, pp. 42 y 43.

[185] Afirma Koivurova que "we need to create mechanisms to scrutinize how we can use the SDGs to promote sustainable development in the Arctic. If we want the SDGs to really advance sustainable development, we need to ensure they reflect the Arctic's special conditions. The traditional livelihoods of the Arctic -such as berry picking, hunting and reindeer herding- are good examples of what is unique about the region". Koivurova, T., "Why the Arctic needs the UN Sustainable Development Goals", *The Circle- Sustainable Development Goals. Shaping the future of the Arctic*, 2-2018, p. 6.
También lo señala Andreassen cuando afirma que "much language used within the SDGs is foreign to or not representative of the Arctic, including in their lack of an indigenous voice. Many of the SDGs need work to incorporate an Arctic context and accommodate Alaskan understandings of, for instance, poverty and hunger or health and wellness. The SDGs are lacking concepts of local control, sovereignty, self-determination and feel very top-down". Andreassen, N., "The Arctic and Sustainable Devlopment Goals", *High North News,* August 1st, 2017, disponible en https://www.highnorthnews.com/en/op-ed-arctic-and-sustainable-development-goals consultado el 2 de noviembre de 2022.

Internacional (en adelante, OMI), se ha pretendido dotar de cobertura normativa a estas actividades. Por lo que respecta a la labor desarrollada por el Consejo Ártico, el 1 de diciembre de 2017, los cinco Estados ribereños del Ártico más Islandia, Japón, Corea del Sur, China y la UE adoptaron el *Acuerdo Internacional para prevenir la pesca no regulada en Alta Mar en el océano Ártico central*, en vigor desde junio de 2021. Estamos ante un tratado internacional que crea un área de 2,8 millones de km^2 en la cual se prevé una moratoria de 16 años para evitar la pescar comercial, con posibilidad de prorrogarlo cada cinco años[186].

La actividad económica más agresiva para el medio ambiente ártico es la extractiva[187]. Como consecuencia del deshielo, las actividades económicas extractivas se ven facilitadas. Entre otras causas, esta circunstancia ha llevado a que los Estados procedan a intentar extender lo máximo posible su soberanía y jurisdicción sobre las plataformas continentales extendidas, esto es, más allá de las 200 millas[188]. Si bien todos los Estados árticos pretenden extender lo máximo posible sus plataformas continentales, no todo ellos mantienen las mismas posturas en

---

186 Van Pelt, T.I., Huntington, H.P., Romanenko, O.V., y Mueter, F.J., "The missing middle: Central Arctic Ocean gaps in fishery research and science coordination", *Marine Policy*, vol. 85, 2017, p. 70 y ss.

187 Sobre los daños potenciales de esta actividad en el Ártico y sobre el marco jurídico precedente, véase Hossain, K., y Koivurova, T., "Hydrocarbon Development in the Offshore Arctic: Can it be done sustainably?", *Oil, Gas and Energy Law*, vol. 10(2), 2012.
Sobre su regulación, véase Jonhstone, R. L., *Offshore Oil and Gas Development in the Arctic under International Law. Risk and Responsibility*, Brill, Leiden-Boston, 2015, p. 27 y ss.

188 Esta cuestión ya la analicé en Manero Salvador, A., *El deshielo del Ártico: retos para el Derecho Internacional. La delimitación de los espacios marinos y la protección y preservación del medio ambiente, op. cit.*, pp. 30-117.

relación con la exploración y explotación de los hidrocarburos que en ellas se encuentran[189].

La postura más avanzada por lo que respecta a la protección ambiental es la mantenida por Canadá y Estados Unidos[190]. Ambos Estados, en diciembre de 2016, adoptaron una moratoria

---

[189] En relación con estas consideraciones, se podría pensar que la teoría de la Tragedia de los bienes comunes tiene lugar en el escenario del Ártico, donde los diferentes Estados ribereños, por motivos nacionales, proceden a explotar -hasta su posible agotamiento y destrucción- los recursos comunes del Ártico, lo que, evidentemente, a ninguno de los Estados conviene. En este contexto se plantea la necesidad de regular la explotación de este espacio, o mejor aún, garantizar su preservación. Sobre la Tragedia de los bienes comunes, véase Hardin, G., "The Tragedy of the Commons", *Science*, vol. 162, nº 3859, 1968, p. 1234 y ss.

[190] Sobre la política de Estados Unidos en relación con la extracción de hidrocarburos en el Ártico durante la administración Obama y la llegada de Trump, véase Campins Eritja, M., "Drill, baby, drill: la posición de Estados Unidos ante el reto ambiental de la exploración y explotación de hidrocarburos en el Ártico", *Revista Catalana de Dret Ambiental*, vol. VIII(2), 2017.
Resume Conde: "la presidencia de Obama y su buena sintonía con el primer ministro canadiense Trudeau trajeron un ímpetu de medidas medioambientales en el Ártico. En marzo de 2016, ambos dirigentes anunciaron una nueva asociación para aprovechar las oportunidades y enfrentar los desafíos en el cambiante Ártico […]. Estados Unidos y Canadá designaron la gran mayoría de las aguas bajo sus respectivas soberanías en los mares de Chukchi y Beaufort como indefinidamente fuera de los límites para la explotación de petróleo y gas en alta mar. Es más, en respuesta directa a las solicitudes de las comunidades nativas de Alaska, el presidente Obama creó el Área de Resilencia Climática del Mar de Bering del Norte." Conde Pérez, E. "La política ártica de la Unión Europea en perspectiva geopolítica: de la cooperación pacífica a las rupturas árticas (2017-2022)", *Revista Española de Derecho Internacional*, vol. 74 (2), 2022, p. 143

con el objeto de preservar al Ártico de estos riesgos[191], pero la llegada de la administración Trump supuso su anulación[192]. La sociedad civil procedió a impugnar tal decisión, cuestión sobre la que versó el asunto *League of Conservation Voters et al v. Donald Trump and American Petroleum Institute and State of Alaska*. Un Tribunal de Anchorage determinó que la orden ejecutiva que pretendía anular la moratoria era ilegal, en la medida en que el presidente se había extralimitado en sus competencias al anularla, por lo que procedió a restaurar la protección permanente. De acuerdo con este tribunal, el artículo IV de la Constitución de Estados Unidos reconoce la competencia del Congreso para administrar y disponer de las tierras públicas,

---

[191] Son expresivas las siguientes declaraciones: "Due to the important, irreplaceable values of its Arctic waters for Indigenous, Alaska Native and local communities' subsistence and cultures, wildlife and wildlife habitat, and scientific research; the vulnerability of these ecosystems to an oil spill; and the unique logistical, operational, safety, and scientific challenges and risks of oil extraction and spill response in Arctic waters – the United States is designating the vast majority of U.S. waters in the Chukchi and Beaufort Seas as indefinitely off limits to offshore oil and gas leasing, and Canada will designate all Arctic Canadian waters as indefinitely off limits to future offshore Arctic oil and gas licensing, to be reviewed every five years through a climate and marine science-based life-cycle assessment." United States-Canada Joint Arctic Leader's Statement, December 20, 2016, disponible en https://obamawhitehouse.archives.gov/the-press-office/2016/12/20/united-states-canada-joint-arctic-leaders-statement consultado el 2 de noviembre de 2022 y Friedman, L., "Trump Administration Moves to Open Arctic Refuge to Drilling Studies", *The New York Times*, September, 16, 2017, disponible en https://www.nytimes.com/2017/09/16/climate/trump-arctic-refuge-drilling.html consultado el 2 de noviembre de 2022.

[192] Henry, D., "Trump administration approves Arctic Ocean oil exploration", TheHill.com, 11 november 2017,disponible en http://thehill.com/policy/energy-environment/362203-trump-administration-approves-arctic-ocean-oil-exploration consultado el 2 de noviembre de 2022.

donde se incluye la plataforma continental, que puede delegar tal competencia en el presidente. Tal fue el caso del presidente Obama y la adaptación de la moratoria mediante el *Outer Continental Shelf Lands Act.* De tal manera que se permite proteger, pero no revertir tal protección[193]. La administración Biden ha retomado la política de Obama en este ámbito[194].

Por su parte, Rusia y Noruega son firmes partidarios de la explotación de los recursos de la plataforma continental ártica. Rusia ha inaugurado la primera planta de gas licuado en el mar de Kara en diciembre de 2017[195]. Pero si hay un Estado ribereño que ha apostado por la exploración y explotación de los hidrocarburos en su plataforma continental ártica, es Noruega[196], sobre todo a partir de la entrada en vigor del acuerdo de delimitación con Rusia relativo al Mar de Barents (2010). Ello ha conducido a que dos ONGs –Greenpeace y Nature and Youth- demandaran al Estado noruego por haber violado el artículo 112 de la Constitución al autorizar 10 nuevas licencias de exploración en el Ártico en 2015 a 13 petroleras. Asimismo, también afirmaban que estas licencias violaban el Acuerdo de París, cuyo panel intergubernamental ha indicado

193 Véase Earthjustice, *Challenging Trump's Reversal of Arctic and Atlantic Drilling Ban,* disponible en https://earthjustice.org/cases/2017/challenging-trump-s-reversal-of-arctic-and-atlantic-drilling-ban consultado el 2 de noviembre de 2022.

194 Executive Order on Protecting Public Health and the Environment and Restoring Science to Tackle the Climate Crisis, January 21st, 2021.

195 Fernández, R. y Bolaños, A., "Putin inaugura la planta del Ártico que suministrará gas ruso a España por primera vez", *El País,* 8 de diciembre de 2017.

196 Milne, R., "Noruega: Explotación petrolífera vs. Responsabilidad medioambiental", *Expansión,* 26 de agosto de 2017.

que la producción de petróleo debe disminuir[197]. Este asunto ha concluido en el Tribunal Supremo noruego que no consideró que las licencias violaran los compromisos internos ni internacionales de este Estado[198].

Finalmente, Groenlandia viene realizando prospecciones desde 2010[199]. El coste y las dificultades para garantizar la rentabilidad de su explotación ha llevado al gobierno de Groenlandia a interrumpir la exploración de yacimientos de gas y

---

197 Domínguez Cebrián, B., "Noruega "se mancha" con su petróleo", *El País*, 26 de julio de 2017.
No parece ser ésta la prioridad de los cinco Estados ribereños. De hecho, hay autores que dicen que la reducción a cero de las emisiones generadas por la combustión de combustibles fósiles no se contempla como opción por estos Estados. "This provision would mainly have, at this stage, an aspirational nature. Even if countries in Paris were to endorse the need to phase-out fossil fuels emissions before the end of the century, the governments of the five Arctic coastal states are unlikely to shift their current position and to renounce to exploit the oil and gas reserves trapped under their Arctic continental shelves. But such a statement could further emphasize the financial risks related to stranded assets (resources which are no longer able to earn the economic return originally expected due to a change of the regulatory or economic landscape). In a region where the scale of investments required to produce fossil fuels leads to particularly slow return on investment, a strong commitment by all governments to phase out fossil fuels emissions could further undermine the economic rationale of new oil and gas extraction projects." Duyck, S., "What Role for the Arctic in the UN Paris Climate Conference (COP-21)?", *Arctic Yearbook*, 2015, p. 8.

198 Adomaitis, N., "Supreme court verdict keeps Norway's Arctic waters open to oil drilling", *Arctic Today*, December 22nd, 2020, disponible en https://www.arctictoday.com/supreme-court-verdict-keeps-norways-arctic-waters-open-to-oil-drilling/ consultado el 2 de noviembre de 2022.

199 Méndez, R., "El primer pozo en Groenlandia dispara la carrera por el 'oro ártico'", *El País*, 25 de agosto de 2010.

petróleo, al igual que ya hizo con el uranio[200]. Esta decisión también se justifica en el riesgo medioambiental de esta actividad. Así, desde el gobierno groenlandés se ha señalado que "el precio de la extracción de petróleo es demasiado alto. Esto se basa en cálculos económicos, pero el impacto sobre el clima y el medio ambiente también juega un papel central en esta decisión. En este contexto, el Naalakkersuisut ha decidido dejar de emitir nuevas licencias para la exploración de petróleo y gas en Groenlandia. Este paso se ha tomado por el bien de nuestra naturaleza, por el bien de nuestras pesquerías, por el bien de nuestra industria turística y para enfocar nuestra actividad económica en actividades sostenibles."[201]

Ello no ha impedido que recientemente el gobierno groenlandés haya abierto la vía a la concesión de nuevas licencias para la exploración de gases industriales[202].

---

200 Johnstone, R.L., "The impact of international law on natural resource governance in Greenland", *Polar Record,* vol. 56, 2020, p. 7 Véase también Sejersen, F., "Brokers of hope: Extractive industries and the dynamics of future-making in post-colonial Greenland", *Polar Record,* vol. 56, 2020.

201 Greenland halts new oil exploration, 15 July 2021, disponible en https://naalakkersuisut.gl/en/Naalakkersuisut/News/2021/07/1507_oliestop consultado el 2 de noviembre de 2022. Traducción propia.

202 El gobierno groenlandés lo justifica en los siguientes términos: "The applications are unique in the sense that previously there hasn't been granted any licenses for the exploration of industrial gasses in Greenland. The approval of the applications is not a contradiction of the decision by Naalakkersuisut to halt all hydrocarbon exploration in Greenland. One of the reasons is that industrial gasses and hydrocarbons are not the same. Hydrocarbons consist of organic matter (algae and plant remains) which have been buried deep under ground and exposed to temperature fluctuations during millions of years. In contrast, industrial gasses originate from inorganic processes occurring in the earth's crust. Industrial gasses do neither

A pesar de las diferentes perspectivas con las que los cinco Estados ribereños del Ártico afrontan la extracción de combustibles fósiles, hay que señalar que, en general proceden a la extracción activa en masa, por lo que existe un riesgo real de contaminación. En este contexto se ha adoptado, también en el marco del Consejo Ártico, el *Acuerdo sobre prevención y respuesta de la contaminación marina por hidrocarburos* de 2013, en vigor desde 2016. Este acuerdo, del que son partes los ocho Estados árticos, persigue reforzar la cooperación, la coordinación y la asistencia mutua en la preparación y en la respuesta ante la contaminación por hidrocarburos (artículo 1), detallando obligaciones sobre comunicación, personas a las que contactar en caso de accidente, forma de la notificación, etc.[203]

Si bien es preciso reconocer el esfuerzo que para el Consejo Ártico ha constituido celebrar este acuerdo[204], que vin-

---

contain organic matter nor carbon. Exploration of industrial gasses will be administered as mineral exploration. Compared to other mineral exploration licenses the Mineral Licence and Safety Authority will have an enlarged competence to enforce special terms for the practical conduct of the exploration of industrial gasses." The Government of Greenland approves two applications for new pioneering licenses to explore industrial gasses, 15 December 2021, disponible en https://naalakkersuisut.gl/en/Naalakkersuisut/News/2021/12/1512_industrigasser consultado el 2 de noviembre de 2022.

203 Sobre el contenido de este acuerdo, véase Vasiliev, A., "Agreement on Cooperation on Arctic Marine Oil Pollution Preparedness and Response", en Loukacheva, N. (ed.), *Polar Law and Resources,* Norden 2015, p. 145 y ss.

204 Los acuerdos preexistentes en el Ártico sobre vertidos de petróleo tenían carácter bilateral, y eran el acuerdo del mar de Barents (Noruega-Rusia, 1994) y su plan de contingencia (2009), el acuerdo relativo a los mares de Bering y Chukchi (Rusia-Estados Unidos,1989) y su plan de contingencia (1997), el acuerdo entre Canadá y Dinamarca (1983) y su plan de contingencia, el acuerdo de Copenhague

cula a todos los Estados árticos, no deja de ser preocupante que la posibilidad de que se produzca un vertido en el Ártico ha dejado de ser un peligro lejano. Este acuerdo sienta las bases para la respuesta ante un fenómeno de este tipo, lo cual es bienvenido, pero no lo pueden ser las causan que lo justifican.

Finalmente, y en relación con el papel que desempeña la OMI, también el deshielo ártico facilita la navegación de las aguas, tanto del paso del noroeste[205] como la ruta del norte y la ruta transpolar, que es previsible que pueda navegarse a partir de 2030. En estos momentos la ruta del norte que discurre por la costa rusa es la más transitada. La navegan cargueros tanto de mercancías, como petroleros, quimiqueros y gaseros. Como han dicho Ghosh y Rubly "increasing commercial shipping throughout the region is also introducing increased risks to the Arctic environment through possibilities of vessels groundings, collisions, oil spills, pollution, and other environmental impacts. In addition to this, the region's remoteness, lack of support, untested search and rescue infrastructure, lack of ports for refuge, lack of accurate well-researched hydrographic charts, and shortage of experienced

---

(Dinamarca, Finlandia, Islandia, Noruega y Suecia 1993, revisado en 1998), el acuerdo entre Finlandia y Rusia (1989), y el acuerdo Canadá- Estados Unidos y su plan de contingencia (1983, revisado en 2003). Vid. Rise, I.H., *The Agreement on Cooperation on Marine Oil Pollution Preparedness and Response in the Arctic. The Establishment of an Arctic Oil Spill Regime,* The Arctic University of Norway, June 2014, p. 39 y ss.

205 Véase Davidson, S., "New Ways to Break the Ice. Emerging Approaches to the Regulation of Navigation in the Northwest Passage", en Barnes, R., y Long, R., *Frontiers in International Environmental Law: Oceans and Climate Challenges. Essays in Honour of David Freestone,* Brill, Londres, 2021, p. 3 y ss.

and well-trained crews further amplify the risks of navigating vessels through these icy waters"[206].

La OMI para intentar evitar los riesgos que esta navegación implica, ha promovido el *Código Internacional para los buques que operan en aguas polares,* más conocido como el Código Polar. Este Código Polar, que enmienda al Convenio Internacional para la seguridad de la vida humana en el mar (nuevo capítulo XIV de SOLAS) y al Convenio internacional para prevenir la contaminación por los buques (anexos I, II, IV y V de MARPOL 73/78), está en vigor desde el 1 de enero de 2017 y da lugar a una serie de especificaciones técnicas que deben cumplir los buques para poder navegar en aguas polares, al tiempo que contempla medidas de prevención de la contaminación por hidrocarburos y otras sustancias[207].

Como han dicho Koivurova y otros, los Estados árticos están reaccionando con rapidez a los cambios que están teniendo lugar en el Ártico y que modifican sus ecosistemas, también a través del foro que provee el Consejo Ártico, donde se han negociado instrumentos convencionales relevantes para el medio marino que, junto con el Código Polar, ponen de manifiesto cómo los Estados árticos pero también otros -como la UE- están adoptando un papel proactivo y precautorio en relación con la utilización de los recursos marinos[208]. Pero, como recuerdan estos autores, buena parte de las normas existentes en estos

---

206 Gosh, S., y Rubly, C., "The emergence of Arctic shipping: issues, threats, costs, and risk-mitigating strategies of the Polar Code", *Australian Journal of Maritime and Ocean Affairs,* vol. 7-3, 2015, p. 180.

207 Véase Manero Salvador, A., "La protección ambiental del Ártico y la Agenda 2030", *op. cit.,* p. 21 y ss.

208 Koivurova, T., Kleemola-Juntunen, P, y Kirchner, S., "Emergence of a New Ocean: How to React to the Massive Change?", en Coates, K.S., y Holroyd, C. (eds.), *The Palgrave Handbook of Arctic Policy and Politics,* Palgrave Macmillan, 2020, p. 421.

instrumentos se han inspirado en obligaciones ya existentes, como en el *Convenio Internacional sobre cooperación, preparación y lucha contra la contaminación por hidrocarburos* (Convenio OPRC de 1990) o el *Convenio Internacional relativo a la Intervención en Alta Mar en Casos de Accidentes que causen o puedan causar una Contaminación por Hidrocarburos* (1969). Lo mismo puede decirse del acuerdo sobre la pesca en Alta Mar, que se inspira en el *Acuerdo sobre las poblaciones de peces transzonales y las poblaciones de peces altamente migratorios de 1995*[209].

La intensificación de las labores de explotación de los recursos naturales y las actividades de navegación que requieren no han hecho sino ratificar la magnitud de los riesgos, ya sean voluntarios o fortuitos, que amenazan los equilibrios del ecosistema polar hasta convertirlo en un problema recurrente y cada vez más ostensible. En la memoria colectiva pervive todavía lo ocurrido el 24 de marzo de 1989 a raíz del naufragio del petrolero Exxon Valdez en la costa de Alaska[210]. Dada la fragilidad del ecosistema marino ártico y de las alteraciones ecológicas que derivan de la reducción de la banquisa, resulta indispensable plantearse la capacidad del régimen jurídico para afrontar estos riesgos con la atención que merece. Si bien los cinco Estados ribereños del Ártico reunidos en Ilulissat en 2008 consideraron innecesario modificar el marco jurídico del Ártico ya que el establecido era suficiente para asumir los retos,

---

209 Id.
Véase Rayfuse, R., "Taming the Wild North? High Fisheries in the Warming Arctic", en Barnes, R., y Long, R., *Frontiers in International Environmental Law: Oceans and Climate Challenges: Essays in Honour of David Freestone,* Brill, 2021, p. 263 y ss.

210 Marcos, P., y Parrila, M., "25 años del aniversario del desastre del vertido de Exxon", Greenpeace, 24 de marzo de 2014, disponible en http://archivo-es.greenpeace.org/espana/es/Blog/25-aos-del-aniversario-del-desastre-del-verti/blog/48629/ consultado el 2 de noviembre de 2022.

no son pocos los que creen necesario repensar este escenario, mediante la materialización expresa de un régimen jurídico ártico basado en obligaciones de protección eficaz, concretas y determinantes, aplicadas a la preservación en lugar del marco actual[211].

En esta misma línea se desenvuelve la capacidad de acción ejercida por parte del Consejo Ártico a través de los seis grupos de trabajo que lo configuran. Y aunque es evidente que ha sido reconocido como un foro positivo desde el punto de vista de la construcción regional y de su capacidad para proyectar en la sensibilidad internacional los problemas medioambientales de la región, su falta de institucionalización no ha dejado de plantear dificultades que mediatizan su nivel de efectividad en cuestiones claves en el tema que nos ocupa. Tales insuficiencias han quedado puestas aún más de manifiesto en las primeras décadas del siglo XXI cuando, tras la apertura por vez primera en 2007 de la navegación estival, el ecosistema se ha visto afectado por las profundas transformadas ligadas a la intensificación de los aprovechamientos y a los intereses económicos, teniendo en cuenta además que se producen en un contexto geopolítico caracterizado por las reivindicaciones relativas a la extensión de la soberanía y la jurisdicción de los Estados ribereños, en un entorno ecológico afectado por el calentamiento global[212]. No obstante, nada de esto ha impedido la progresiva toma en consideración por parte del Consejo de normativizar determinados aspectos como es la respuesta a la contaminación por hidrocarburos.

---

211 Sobre esta cuestión, véase Kaufmann, S.G., "L' Océan Arctique et la coopération intergouvernementale non contraignante. Un défi pour la protection internationale de l´environment", *Revue juridique de l' environnement*, vol. 35, nº4, 2010, p. 627 y ss.

212 Kergomard, C., "L' Arctique face au changement climatique", *Annales de géographie*, vol. 1, nº 653, 2007, p. 7 y ss.

Al igual que ha ocurrido, pues, con los instrumentos convencionales, que se han adaptado a la realidad ártica, lo mismo debe ocurrir con el desarrollo sostenible, esto es, debe adaptarse al Ártico. Asimismo, es preciso señalar que muchos de los cambios que están teniendo lugar en el Ártico tienen su origen fuera de la región. Este argumento lleva a Koivurova a la interesante afirmación de que "it is important for Arctic countries and peoples to take "Arctic messages" to global forums. Sustainable development in the Arctic is going to be very difficult if the rest of the world does not understand how its actions affect the region and cannot or will not acknowledge its responsibility"[213].

Así, el nuevo desafío para los Estados árticos, pero también para el mundo, es cómo equilibrar la demanda de recursos, el crecimiento económico, con el bienestar de las comunidades árticas y la protección del medio ambiente. Pero también se insiste en la necesidad de proceder a una adaptación de la Agenda 2030 a la región, como ya se ha visto *supra.* El hecho de que sea necesaria esta adaptación no implica que el desarrollo sostenible no esté presente en el Ártico, lo está, pero es una concepción del desarrollo sostenible diferente de la prevista en la Agenda 2030[214].

Además, la explotación de los recursos tiene otras implicaciones, especialmente en contextos transfronterizos de recursos

---

213 Koivurova, T., "Why the Arctic needs the UN Sustainable Development Goals", *op. cit.*, p. 7.

214 Sobre la necesidad de replantear la Agenda 2030 al Ártico, véase Nilsson, A. E., Larsen, J.N., "Making Regional Sense of Global Sustainable Development Indicators for the Arctic", *Sustainability*, vol. 13, issue 3, 2020.; y Kristoffersen, B., y Langhelle, O., "Sustainable Development as a Global-Arctic Matter: Imaginaries and Controversies", en Keil, K, y Knecht, S. (eds.), *Governing Arctic Change,* Palgrave Macmillan, Londres, 2017.

compartidos por dos o más Estados, o en la realización de actividades extractivas que implican un posible daño transfronterizo. Pero, como afirman Shibata y Chuffart, la regulación de la explotación de los recursos árticos, especialmente en relación con la extracción de hidrocarburos, es básicamente estatal, y es que no existe una regulación integral de este sector en el Derecho Internacional[215]. Por tanto, la aplicación del desarrollo sostenible en las actividades extractivas reside en el principio de soberanía permanente sobre las riquezas y recursos naturales, con restricciones limitadas por la asunción de obligaciones ya sea de forma consuetudinaria o convencional[216], cuestión que se analizará más adelante.

Ahora bien, como también estos autores recuerdan, existe un marco consuetudinario que matiza esta afirmación. La ILA en la ya mencionada *Declaración de Nueva Delhi sobre desarrollo sostenible* señaló que los Estados tenían la obligación de asegurar la utilización sostenible de sus recursos naturales (principio 1, *supra*). En los comentarios a este principio, se desarrollaba que "los Estados tienen la obligación de administrar los recursos naturales, incluso los recursos naturales de su propio territorio o su jurisdicción, de manera racional, sostenible y segura, para contribuir al desarrollo de sus pueblos, teniendo en cuenta particularmente los derechos de los pueblos indígenas y la conservación y la utilización sostenible de los recursos naturales, y la protección del medio ambiente, incluidos los ecosistemas.

---

215 Sobre el fenómeno de "leave fossil fuels in the ground" y la necesidad de reformular los instrumentos de Derecho Internacional -medio ambiente, derechos humanos e inversiones- para impulsarlo, véase Van Asselt, "Governing fossil fuel production in the age of climate disruption: Towards an international law of leaving it in the ground", *Earth System Governance*, vol. 9, 2021.

216 Shibata, A., y Chuffart, R., "Sustainability as an integrative principle: The role of international law in Arctic resource development", *op. cit.*, p. 3. Traducción propia.

Los Estados deben tener en cuenta las necesidades de las futuras generaciones al determinar el índice de utilización de los recursos naturales. [...].[217]"

En 2012, en la Conferencia de Sofía, se abordó la interpretación judicial de la Declaración de Nueva Dehli y se afirmó que "as a matter of common concern, the sustainable use of all natural resources represents an emerging rule of general customary law, with particular normative precision identifiable with respect to shared and common natural resources"[218]. Este tema, de indudable interés, será analizado más adelante.

C. Los pueblos indígenas del Ártico y el desarrollo sostenible

Los pueblos indígenas del Ártico son actores de enorme importancia[219]. Desde el punto de vista demográfico y étnico

---

[217] Carta de fecha de 6 de agosto de 2002 dirigida al Secretario General de las Naciones Unidas por el Representante Permanente de Bangladesh ante las Naciones Unidas y el Encargado de Negocios interino de la Misión Permanente de los Países Bajos ante las Naciones Unidas (Anexo), A/57/329 de 31 de agosto de 2002, p. 4.

[218] International Law Association, Sofia Conference (2012), International Law on Sustainable Development, Final Report, Guiding Statements on the Judicial Elaboration of the 2002 New Dehli Declaration of Principles of International Law relating to Sustainable Development, Annex, p. 36.

[219] Son reconocidos como participantes permanentes del Consejo Ártico la Asociación aleutiana internacional, el Consejo ártico atabascano, el Consejo internacional Gwch'in, la Asociación rusa de los pueblos indígenas del norte, el Consejo Saami y la Conferencia circumpolar inuit. La mayor parte de la población de Groenlandia son inuit, por lo que es preciso referirnos a que Groenlandia, hasta 1953 era considerada colonia de Dinamarca y era Territorio no autónomo de acuerdo con el Capítulo XI de la Carta de Naciones Unidas. En 1954, una enmienda constitucional de carácter unilateral incorporó al territorio nacional a Groenlandia y a las Islas Fe-

su entidad debe ser objetivamente valorada. Censos efectuados revelan que en el territorio situado por encima del círculo polar y con una superficie de ocho millones de kilómetros cuadrados, habitan cuatro millones de personas, de los que aproximadamente el 13% – unas 500.0000–correspondería pueblos indígenas. Los pueblos indígenas del Ártico configuran un complejo etnográfico muy interesante. Integrado por cerca de medio millón de personas, en su mayoría pertenecientes a la comunidad Inuit, aparecen organizadas en una estructura de poblamiento disperso, adaptado a unas condiciones de vida de carácter nómada o seminómada, tradicionalmente dedicadas a la pesca, a la caza y a la ganadería de renos. Los estudios etnográficos realizados sobre ellas han puesto en evidencia cómo desde mediados del siglo XIX son ostensibles las manifestaciones que revelan una toma de conciencia de sus identidades, construidas a partir de una creciente sensibilidad sobre las peculiaridades de sus espacios de pertenencia vital y económica.

Así lo demuestra la voluntad a favor de la reafirmación de su personalidad étnica y cultural, enmarcada en un proceso

---

roe. Posteriormente, en 1979 se celebró un referéndum en el que el 63% votó a favor de un gobierno autónomo, lo que dio lugar al Gobierno Autónomo de Groenlandia de 1979. La última ley de autogobierno de Groenlandia es de 2009, y en ella se reconoce el derecho a administrar determinadas áreas, entre ellas, la pesca y la protección del medio ambiente, y se prevé la posibilidad de asumir competencias sobre recursos naturales. Politics in Greenland, Naalakkersuisut, disponible en https://naalakkersuisut.gl/en/About-government-of-greenland/About-Greenland/Politics-in-Greenland consultado el 2 de noviembre de 2022.

Sobre esta cuestión, véase Cambou, D.C., "Disentangling the conundrum of self-determination and its implications in Greenland", *Polar Record*, vol. 56, 2020; y Johnstone, R.L., "The impact of international law on natural resource governance in Greenland", *op. cit.*

tendente a la construcción de territorios identitarios[220] y a la defensa sus pautas de organización en tres agrupaciones boreales, concebidas con el propósito de tener parte activa en las políticas aplicadas al desarrollo económico del Ártico. Tal ha sido históricamente la finalidad de la Conferencia Circumpolar Inuit, constituida en 1977, merced a la cual se ha logrado obtener el reconocimiento de varios territorios autónomos. Es el caso de lo ocurrido por primera vez en Groenlandia, que obtiene ese estatus concedido por Dinamarca en 1979, y que sería posteriormente reforzado en 2008. Por su parte Canadá otorga a la comunidad inuit la propiedad plena de una extensa superficie identificada con los derechos a la explotación minera: es el origen del llamado territorio Nunavut, a partir del 1 de abril de 1999, integrado, con un alto grado de autonomía, en el Estado canadiense. Es evidente que este reconocimiento de su especificidad ha supuesto un avance significativo en el proceso de visibilización de estas comunidades en sintonía con la toma de conciencia que simultáneamente ha ido asociado a la valoración endógena de sus propios recursos y a las frecuentes actitudes reivindicativas a favor de asegurar – en un contexto de severas deficiencias de salud–un acceso justo a los sistemas sanitarios de los Estados en los que se integran en paralelo a la toma en consideración de la atención asignada a las terapias tradicionales[221].

---

220 Dubreuil, A., "La construction de territoires identitaires régionaux et locaux en Arctique", *Prospective et strategie.* 2014, nº 4 y 5, pp. 157 y ss.
Véase también Herrmann, V., "Climate Change, Arctic Aesthetics, and Indigenous Agency in the Age of the Anthropocene", *The Yearbook of Polar Law Online,* vol. 7 (1), 2015, p. 375 y ss.

221 Nations Unies: "Les peuples autochtones dénoncent les inégalités en matière de santé et défendent la médecine traditionnelle", 19 May 2003, disponible en https://www.un.org/press/fr/2003/DH353.doc.htm consultado el 2 de noviembre de 2022.

Reconocidos, desde la cumbre de Alta en 1997, como participantes permanentes del Consejo Ártico, su posición cada vez goza de creciente importancia en la adopción de las decisiones y en el impulso en relación con el tratamiento de diferentes cuestiones, una de ellas, indudablemente, el desarrollo sostenible. Así, por lo que atañe a la adaptación de la Agenda 2030 al Ártico, un elemento clave es el papel que han de desempeñar estos pueblos para el cumplimiento de dicho objetivo[222]. Como han destacado Degai y Petrov la Agenda 2030 establece prioridades que tienen relevancia para el Ártico, porque sus sistemas ambientales y sociales cambian rápidamente y están interrelacionados con otras partes del mundo, pero la implementación exitosa de los ODS en el Ártico solo puede lograrse a través de un diálogo abierto y plural entre los actores globales y los actores del Ártico, y aquí juegan un papel crucial los pueblos indígenas del Ártico[223].

Degai y Petrov proponen además que en este proceso de *adaptación* de los ODS al Ártico se incluyan cinco nuevos objetivos, a saber, gobernanza sostenible y derechos indígenas, sociedades indígenas resilientes, sistemas de medios de vida y conocimientos, vida en el hielo y en el permafrost, equidad e

---

222 La decolonización de los ODS y la necesidad de adaptar la Agenda 2030 a los pueblos indígenas no es una reclamación que sólo se realice desde el Ártico, sino que es una reivindicación generalizada. Véase "La Agenda 2030 deja fuera muchos derechos colectivos de los pueblos indígenas", Noticias ONU, 15 de marzo de 2021, disponible en https://news.un.org/es/story/2021/03/1489502 consultado el 2 de noviembre de 2022 y CEPAL, FILAC y Ford Foundation, *Los pueblos indígenas de América Latina -Abya Yala y la Agenda 2030 para el desarrollo sostenible. Tensiones y desafíos desde una perspectiva territorial*, Naciones Unidas, 2020.

223 Degai, T.S., y Petrov, A.N., "Rethinking Arctic sustainable development agenda through indigenizing UN sustainable development goals", *International Journal of Sustainable Development and World Ecology*, vol. 28, nº 6, 2021. Traducción propia.

igualdad en el acceso a los recursos naturales e inversión en la juventud y en las generaciones futuras[224]. Además, estos autores dicen que la relación entre la Agenda 2030 y los pueblos indígenas podría mejorarse desde un enfoque que se basara en las interrelaciones entre la naturaleza y los seres humanos desde la perspectiva indígena y no la occidental, anclada en un enfoque capitalista del crecimiento económico. En este sentido, consideran que abordar la realización de los ODS 1, 2, 3 ,14, y 15 en el Ártico se podría lograr reconociendo la importancia de las prácticas tradicionales de subsistencia, como la caza, la pesca y la recolección, mejorando las políticas que las aseguren y procediendo a realizar evaluaciones de impacto de las actividades industriales para que no las perjudiquen[225].

Por otro lado, es esencial el alineamiento de la Agenda 2030 con la *Declaración de Naciones Unidas sobre los Derechos de los pueblos indígenas* en la región, así como la aplicación de la *Convención 169 de la Organización Internacional del Trabajo* (en adelante, OIT)[226], que reconoce el derecho a la consulta previa, libre e

---

[224] Id., p. 518.

[225] Id., p. 519.

[226] Recuerda Johnstone que el reconocimiento de los groenlandeses como pueblo indígena por parte de Dinamarca, ratificando el Convenio 169 de la OIT, se acompañó de una declaración interpretativa: "Sólo hay un pueblo indígena en Dinamarca en el sentido del Convenio 169, a saber, la población original de Groenlandia, los inuit", lo que acarrea una serie de implicaciones. En este sentido, esta autora señala que la declaración es limitante en dos aspectos. En primer lugar, al identificar a los inuit de Groenlandia como un pueblo indígena -y no como un pueblo colonial- se les reconoce derecho de autogobierno y de consulta en relación con el uso de sus tierras y territorios, pero no de un posible derecho a la independencia ni tienen la última palabra en relación con el uso de los recursos. Esto queda claro en la mencionada advertencia del propio convenio. El Convenio 169 de la OIT exige a los Estados que consulten con sus pueblos indígenas antes de explotar sus recursos, pero no requie-

informada en relación con la explotación de los recursos árticos[227]. En este sentido, hay que recordar que todos los Estados árticos aplican en sus relaciones con los pueblos indígenas el derecho a la consulta previa, libre e informada, que, como recuerda Hugues, en Rusia, Noruega y Canadá se recoge a nivel constitucional, mientras que en Estados Unidos se hace a nivel legal[228], pero su implementación presenta defectos, por ejemplo, no siempre se consulta a los pueblos indígenas antes del diseño de los planes estratégicos[229]. Por otro lado, como recuerdan Seck y Maecleod "in the Arctic, [the exploitation of

---

re su consentimiento, en contraste con el derecho de los pueblos coloniales a la soberanía permanente sobre sus recursos naturales. En segundo lugar, la declaración es limitante al dejar claro que Dinamarca sólo reconoce a un pueblo indígena: las dos minorías del norte y del este de Groenlandia no están reconocidas como grupos indígenas distintos. Johnstone, R.L., "The impact of international law on natural resource governance in Greenland", *op. cit.*, p. 4.

227 Véase Skogvang, S.F., "Legal Questions regarding Mineral Exploration and Exploitation in Indigenous Areas", *Michigan State International Law Review,* vol. 22 nº1, 2013, p. 321 y ss., y Heinämäki, L., "Arctic Importance: Free, Prior and Informed Consent, a New Paradigm in International Law Related to Indigenous Peoples", en *Indigenous Peoples' Governance of Land and Protected Territories in the Arctic,* 2015, p. 209 y ss.
Sobre la capacidad de influir en la adopción de normas en el Ártico por parte de los pueblos indígenas, véase Koivurova, T., y Heinämäki, L., "The participation of indigenous peoples in international norm-making in the Arctic", *Polar Record,* vol. 42 (2), 2006, p. 101 y ss.

228 Hugues, L., "Relationships with Arctic indigenous peoples: To what extent has prior informed consent become a norm?", *Review of European, Comparative and International Environmental Law,* vol. 27, nº 1, 2018, p. 16.

229 Id., p. 26
Sobre Estados Unidos y las carencias en la aplicación de este derecho en el Ártico, véase Zentner, E., Kecinski, M, Letourneau, A, y Davidson, D., "Ignoring Indigenous peoples—climate change, oil

resources] would have been limited historically to subsistence country food for consumption by Indigenous peoples, yet, over time, exploitation of fisheries has become commercial while the melting ice has led to increased interest in oil, gas, and mineral development."[230]

3. LA NATURALEZA JURÍDICA DEL DESARROLLO SOSTENIBLE

El desarrollo sostenible ha ido recorriendo un largo camino desde su formulación en el informe Brundtland hasta constituirse en un eje vertebrador de las relaciones internacionales de la mano de la Agenda 2030. Díaz Barrado se pregunta "si el concepto de desarrollo sostenible, desde la proclamación de los ODS, ha iniciado, por fin, el camino hacia su consagración como un principio estructural del orden internacional o si, por el contrario, esta proclamación es todavía insuficiente para lograr que el desarrollo sostenible ocupe su lugar constitucional"[231].

Para Rodrigo, el desarrollo sostenible ha podido ser considerado como un principio jurídico de naturaleza sustantiva o procedimental, como un concepto jurídico de naturaleza intersticial o incluso como un derecho humano[232]; pero también

---

development, and Indigenous rights clash in the Arctic National Wildlife Refuge", *Climatic Change*, vol. 155, nº 4, 2019, p. 535.

230 Seck, S.L., y MaecLeod, S.L., "People and the Poles", en Scott, K.N., y VanderZwaag, D.L., (eds.), *Research Handbook on Polar Law*, Elgar, 2020, p. 101.

231 Díaz Barrado, C.M., "Los Objetivos de Desarrollo Sostenible: un principio de naturaleza incierta y varias dimensiones fragmentadas", *Anuario español de Derecho Internacional*, vol. 32, 2016, p. 18.

232 Rodrigo Hernández, A., J., "El principio de integración de los aspectos económicos, sociales y medioambientales del desarrollo sosteni-

tiene una clara vocación normativa, y se configura como un objetivo político[233], y, según Lowe, "a convenient [...] label for a general policy goal which may be adopted by states", incluso "a meta-principle, acting upon other legal rules and principles – a legal concept exercising a kind of interstitial normativity, pushing and pulling the boundaries of true primary norms when they threaten to overlap of conflict with each other"[234].

Ahora bien, la Agenda 2030 podría servir para que el desarrollo sostenible se convierta en un principio estructural del orden internacional[235]. Así también lo cree Bosselmann, que considera que la sostenibilidad es un principio esencial que influye en el orden internacional en su conjunto[236]. Ahora bien, la naturaleza del desarrollo sostenible en el orden internacional presenta complejas implicaciones, como indica Rodrigo, "debido a la incertidumbre existente sobre su valor político, jurídico y metodológico", aunque puede considerarse como "un concepto jurídico cuyo valor normativo puede tener pluralidad de manifestaciones y [...] puede ser concebido también

---

ble", *Revista española de Derecho Internacional*, vol. LXIV/2, 2012, p. 134.

233 Rodrigo Hernández, A.J., *El desafío del desarrollo sostenible, op. cit.*, p. 66.

234 Lowe, V., "Sustainable Development and Unsustainable Arguments", en Boyle, A. y Freestone, D. (eds.), *International Law and Sustainable Development. Past Achivements and Future Challenges,* Oxford University Press, Oxford, p. 31.

235 Díaz Barrado, C.M., "Los Objetivos de Desarrollo Sostenible: un principio de naturaleza incierta y varias dimensiones fragmentadas", *op. cit.*, p. 8.
Sobre el valor jurídico de la Agenda 2030, véase Díaz Galán, E., "El valor jurídico de la Agenda 2030 sobre Desarrollo Sostenible, ¿una nueva tendencia normativa?", *Revista Iberoamericana de Estudios de Desarrollo,* vol. 111 (2), 2022, p. 30 y ss.

236 Bosselman, K., *The Principle of Sustainability: Transforming law and governance,* Routledge, Londres, 2016, p. 92.

como un marco metodológico para el análisis y cambio de la realidad por medio de la creación y aplicación de políticas públicas y normas jurídicas internacionales"[237]. En consecuencia, el desarrollo sostenible sería un objetivo a lograr por parte de toda la comunidad internacional, aunque se presente como un concepto de "diferentes dimensiones"[238] o "pluralidad de manifestaciones"[239].

Por lo que respecta al Ártico, y siguiendo el marco teórico elaborado por Rodrigo, el desarrollo sostenible es un objetivo político, pero también un concepto jurídico. Por lo que respecta a la primera de las perspectivas, el propio Rodrigo señala que lo es en el marco del Consejo Ártico, desde la adopción del *Programa de desarrollo sostenible* de Iqaluit "en cuyo marco se aprueban proyectos concretos de desarrollo sostenible sobre salud y bienestar de las personas que viven en el Ártico, actividades económicas sostenibles, patrimonio cultural y educación, niños y juventud, gestión de recursos naturales vivos y marinos y desarrollo de infraestructuras"[240]. El considerar el desarrollo sostenible como un objetivo político en el Ártico se ratifica con la adopción del *Plan Estratégico del Consejo Ártico* aprobado en la reunión ministerial de Reikiavik en 2021. En él, se reflejan los valores compartidos de los Estados del Ártico y los participantes permanentes "to advance sustainable development, environmental protection and good governance in the Arctic". Además, se enfatiza que "all people in the Arctic will have ample pathways for sustainable social and economic

[237] Rodrigo Hernández, A.J., *El desafío del desarrollo sostenible, op. cit.*, p. 63.

[238] Díaz Barrado, C.M., "Los Objetivos de Desarrollo Sostenible: un principio de naturaleza incierta y varias dimensiones fragmentadas", *op. cit.*, p. 18.

[239] Rodrigo Hernández, A.J., *El desafío del desarrollo sostenible, op. cit.*, p. 69.

[240] Id., pp. 68 y 69.

development while respecting the environment", y se dedican los objetivos 4 y 5 al desarrollo sostenible económico y social:

"Goal 4- Sustainable Social Development: enhance work aimed at social and cultural inclusion and at improving health, safety, resilience, and well-being of all Arctic inhabitants with a particular focus on Indigenous Peoples;

Goal 5- Sustainable Economic Development: advance cooperation on sustainable and diverse economic development in the Arctic, promote economic cooperation, knowledge and information sharing on innovative, sustainable and low-emission technologies, for the benefit and increased resilience of all Arctic inhabitants with a particular focus on Indigenous Peoples;"[241]

Como ha dicho Rodrigo "el desarrollo sostenible, en cuanto objetivo político, no tiene un contenido único, fijo y objetivo, sino que depende del contexto económico, social y medioambiental en el que opere", por ello, se puede considerar que las dificultades del alineamiento de la Agenda 2030 con el Ártico sean consecuencia de las especificidades árticas, que hacen necesario rediseñar las políticas que persiguen el desarrollo sostenible en la región. Ello, no obstante, no es sino una muestra de la extraordinaria flexibilidad del concepto –"generalidad, flexibilidad e imprecisión del concepto de desarrollo sostenible", según Rodrigo[242]- que le permite ser el fundamento de diferentes estrategias políticas en todo el globo, también en el Ártico.

Pero es que también el desarrollo sostenible tiene valor jurídico en el Ártico, en la medida en que "tiene consecuencias

---

241 Arctic Council, *Arctic Council Strategic Plan 2021-2030*, Reykjavík, 20 May 2021, p. 2.

242 Rodrigo Hernández, A.J., *El desafío del desarrollo sostenible, op. cit.*, p. 67.

jurídicas para el cambio y evolución del actual Derecho Internacional y para la creación de nuevas normas con objetivo"[243]. De las diferentes manifestaciones que esta categoría pudiera tener -un principio jurídico fundamental, un principio internacional de naturaleza sustantiva, un principio jurídico de naturaleza procedimental, un concepto jurídico de naturaleza intersticial, una norma primaria de la que se deriva una obligación de comportamiento y un derecho humano- comparto con Rodrigo que la más convincente es la penúltima de las opciones[244], especialmente al referirnos al Ártico como región.

Barral ha sido quien ha realizado esta propuesta en un ya muy célebre trabajo[245], cuyo razonamiento va a aplicarse a la región ártica para determinar si el desarrollo sostenible goza de tal naturaleza. Para formular su tesis, esta autora señala que hay que examinar si el desarrollo sostenible cumple con dos precondiciones, a saber, cuál es su alcance normativo y su formulación en alguna de las fuentes del derecho reconocidas. La primera de ellas es la relativa al alcance jurídico. En el Ártico está claro que las reiteradas referencias al desarrollo sostenible tienen carácter normativo. Desde la formulación de la AEPS, a la labor del Consejo Ártico y su reflejo en el último Plan Estratégico, el desarrollo sostenible está presente en el desarrollo de las actividades económicas del Ártico. En este sentido, la implementación de las evaluaciones de impacto ambiental, el establecimiento de moratorias en la explotación de los recursos, o las demandas de adaptación de la Agenda 2030 a la realidad ártica ponen de manifiesto de qué manera la sostenibilidad tiene este alcance.

---

243 Id., p. 69.

244 Id., pp. 70-75.

245 Barral, V., "Sustainable Development in International Law: Nature and Operation of an Evolutive Legal Norm", *European Journal of International Law,* vol. 23, nº 2, 2012.

En relación con su formulación en el marco de una fuente del Derecho Internacional reconocida, la autora hace referencia a las fuentes recogidas en el artículo 38.1 del Estatuto de la Corte Internacional de Justicia. Por lo que respecta a los instrumentos convencionales, hay que decir que en el *Acuerdo sobre prevención y respuesta de la contaminación marina por hidrocarburos* de 2013, se reconoce "the importance of the Arctic marine ecosystem and of cooperation to promote and encourage the conservation and *sustainable*[246] use of the marine and coastal environment and its natural resources" en su preámbulo, pero no en el articulado, aunque tampoco hay que olvidar que el objeto de este instrumento no es la promoción del desarrollo sostenible en la explotación de los hidrocarburos árticos. Lo mismo puede decirse del *Acuerdo para reforzar la cooperación científica internacional en el Ártico*, que en su preámbulo recuerda "the importance of the *sustainable*[247] use of resources, economic development, human health, and environmental protection". Y es que lo mismo ocurre en relación con los instrumentos convencionales que no tienen alcance regional, como el *Acuerdo de cooperación sobre los mamíferos marinos del Atlántico Norte* de 1992[248]. Ello no ha impedido que el desarrollo sostenible esté presente también en multitud de instrumentos de *soft law*, el último, el *Plan Estratégico* aprobado en Reikiavik en 2021.

Como dice Barral, si bien el desarrollo sostenible ha penetrado en el derecho de los tratados, lo ha hecho de forma vaga e imprecisa, no en la parte dispositiva, sino en los preámbulos, pero ello "no debe ser un obstáculo para su validez y

---

246 Énfasis añadido.

247 Énfasis añadido.

248 Ni el Acuerdo Internacional sobre la conservación de los osos polares y su hábitat de 1973, ni la Convención de la foca peletera de 1911 recogen el desarrollo sostenible, lo que se justifica por su fecha de adopción.

su naturaleza jurídica vinculante", dado que la vaguedad en su redacción "no impide que sean proposiciones normativas válidas", y por ello, su efecto consiste en "aumentar el margen de apreciación de las partes en la ejecución de sus obligaciones", porque "ciertamente, en la mayoría de los casos, las disposiciones convencionales relacionadas con el desarrollo sostenible son demasiado blandas para imponer a los Estados la obligación de desarrollarse de forma sostenible, pero pueden imponer a los Estados la obligación de esforzarse por lograr, o promover el desarrollo sostenible", y es ésta una obligación de comportamiento para lograr alcanzar un resultado[249]. Para Rodrigo, esta interpretación de Barral supone que "los destinatarios [de la norma] están obligados a intentar, a promover, a adoptar los medios necesarios para facilitar el objetivo del desarrollo sostenible", siendo ésta "una obligación relativa que, a diferencia de las obligaciones de diligencia debida tradicionales, que son fundamentalmente obligaciones negativas (son obligaciones de prevenir), exige de los destinatarios la adopción de medidas positivas"[250].

Por lo que respecta a la posible naturaleza consuetudinaria del desarrollo sostenible, ya se ha adelantado *supra* una visión

---

[249] Barral, V., "Sustainable Development in International Law: Nature and Operation of an Evolutive Legal Norm", *op. cit.*, pp. 384 y 385. Traducción propia.
Mención aparte merece el acuerdo de inversión entre Marruecos y Nigeria que introduce el desarrollo sostenible en su articulado, en relación con el derecho a regular y con la definición de inversión. Véase Mahmutaj, K., "Will the Morocco-Nigeria Bilateral Investment Treaty Transform Sustainable Development into Hard Law?", *EJIL: Talk!*, January 27, 2022, disponible en https://www.ejiltalk.org/will-the-morocco-nigeria-bilateral-investment-treaty-transform-sustainable-development-into-hard-law/ consultado el 2 de noviembre de 2022.

[250] Rodrigo Hernández, A.J., *El desafío del desarrollo sostenible, op. cit.*, p. 75.

favorable a tal consideración. Como es sabido, dos son los elementos constitutivos de la costumbre internacional: la *opinio iuris* y la práctica estatal[251]. En relación con el desarrollo sostenible, Barral ha dicho que tradicionalmente la costumbre se formaba por la constancia de la conducta de los Estados, basada en la creencia de que tal conducta era obligatoria, lo que no ocurre necesariamente en el ámbito que nos ocupa, sino que podemos estar ante lo que René-Jean Dupuy denominó *coutume sauvage*[252], esto es, el surgimiento de una norma donde la voluntad de los Estados precede a la práctica, lo que podría deducirse del sistemático recurso al desarrollo sostenible en instrumentos de *soft law*, que pueden ser considerados como prueba de esta *opinio iuris*[253]. Esta autora señala que "existe una coherencia general entre las disposiciones sobre desarrollo sostenible, que casi siempre se contempla como un objetivo al que aspirar", y es que además, los Estados "de forma constante, general [y duradera en el tiempo] han adoptado estrategias nacionales de desarrollo sostenible, […] diseñan proyectos de desarrollo que tienen en cuenta las consideraciones ambientales e implementan evaluaciones de impacto ambiental para lograr el desarrollo sostenible"[254], por lo que estaríamos ante pruebas de la práctica estatal. Por todo ello, creo con Barral que "el desarrollo sostenible, como objetivo, se enmarca en una norma de derecho consuetudinario, aunque […] adolezca

---

[251] Véase Commission du droit international, *Projets de conclusion sur la détermination du droit international coutumier et commentaires y relatifs*, A/73/10. Asamblea General, *Identificación del derecho internacional consuetudinario*, A/73/203, 11 de enero de 2019.

[252] Dupuy, R-J., "Coutume sage et coutume sauvage", en *Mélanges offerts à Charles Rousseau: La Communauté International*, Pedone, 1974.

[253] Barral, V., "Sustainable Development in International Law: Nature and Operation of an Evolutive Legal Norm", *op. cit.*, pp.387 y 388.

[254] Id., p. 388. Traducción propia.

de un alto grado de abstracción y requiera una fundamentación caso por caso"[255].

En consecuencia, se puede afirmar que el desarrollo sostenible se enmarca en una norma consuetudinaria de Derecho Internacional General; lo que, como no puede ser de otra forma, se extiende y se manifiesta en el Ártico[256] donde los Estados lo aplican al realizar actividades económicas y que constituye, a su vez, la esencia del ente colectivo de referencia en la región, esto es, el Consejo Ártico.

---

255 Id. Traducción propia.

256 Véase Shibata, A., y Chuffart, R., "Sustainability as an integrative principle: The role of international law in Arctic resource development", *op. cit.*, p. 3. y Arctic Council, Protection of the Arctic Marine Environment Working Group, Arctic Offshore oil and gas Guidelines, April 29, 2009.

Capítulo 3

Sostenibilidad vs preservación integral. ¿El Tratado Ártico como utopía?

1. INTRODUCCIÓN

Sobre la base de los argumentos desarrollados en los Capítulos 1 y 2 es preciso profundizar sobre el alcance que tienen los dos marcos previamente analizados. En el primero de ellos se ha interpretado de qué manera los cambios medioambientales que se están produciendo en la Tierra tienen efectos e implicaciones para los que el Derecho Internacional no ha dado aún una respuesta adecuada, por más que su toma en consideración se muestre como un compromiso ineludible. De ahí la pertinencia de la propuesta formulada por Delmas-Marty a favor de repensar el Derecho Internacional en la era del Antropoceno, lo que representa un desafío clave para nuestra disciplina[257]. En el segundo, la atención se ha centrado en la valoración de la Agenda 2030, que recoge el desarrollo sostenible como eje de las relaciones internacionales entre 2015 y 2030, y que, a su vez, plantea una visión holística de la sostenibilidad, que es el paradigma abrazado por los Estados para hacer frente a los retos que hoy se plantean en nuestro mundo.

---

257 Delmas-Marty, M., "Repenser le droit à l' heure de l' Anthropocene", *op. cit.*

En el Ártico -a medida que ha perdido la condición de periferia para configurarse como "nueva frontera de las relaciones internacionales"[258]- el desarrollo sostenible es, también, el paradigma relacional entre los Estados y también lo es en el ámbito del Consejo Ártico.

Ahora bien, conviene plantearse si la sostenibilidad constituye el marco idóneo para frenar el deterioro ambiental del Ártico, y del mundo, en el contexto de las transformaciones provocadas por el Antropoceno. Este capítulo tiene como finalidad llevar a cabo el análisis de los efectos del desarrollo sostenible en el Ártico y su adecuación a la situación de emergencia climática que sufre este espacio de extraordinaria fragilidad y a la par de tanta relevancia estratégica, aunque antes se realizará un análisis de la interacción del desarrollo sostenible con el derecho a la soberanía permanente sobre los recursos y riquezas naturales, oportuno en la medida en que nos hallamos ante un contexto claramente extractivista. No en vano se trata de un territorio en el que confluyen los desafíos derivados de la lógica competitiva que suscita su riqueza natural hasta el punto de que, como afirman Olsson y Astrom, "el regionalismo ártico ha sido asumido e interpretado como un modelo de modernización estructural territorial", en tanto que las capacidades de la región son "poderosas palancas de crecimiento en el siglo XXI"[259]. Concretando la idea, y evitando ambigüedades, Cannobio hablará de la región boreal como nuevo escenario territorial de expresión de la "creación de valor"[260].

---

[258] Degeorges, D., "L'Arctique: entre changement climatique, développements économiques et enjeux sécuritaires", *Géoéconomie,* nº80, 2016, p. 85. Traducción propia.

[259] Olsson, J., y Aström, J., "Sweden", en Dosenrode, S., y Halkier, H., *The Nordic Regions and the European Union,* Routledge, Londres, 2004, versión electrónica. Traducción propia.

[260] Canobbio, E., "Régions et integration régionale dans l' espace nordique-arctique, métamorphoses du "fait regional" boreal", *Espaces,*

A partir de estos fundamentos parece procedente analizar las implicaciones que el desarrollo sostenible tiene para limitar el derecho a la soberanía permanente sobre los recursos y riquezas naturales, teniendo en cuenta la importancia que estas relaciones tienen en un escenario de excepcionalidad ecológica como es la región ártica. Se trata, en cualquier caso, de valorar las implicaciones que el desarrollo sostenible tiene para limitar el derecho a la soberanía permanente sobre los recursos y riquezas naturales, los efectos de la sostenibilidad en el Ártico y las alternativas propuestas, entre las que destaca un Tratado Ártico similar al contemplado en el sistema antártico.

2. EL DESARROLLO SOSTENIBLE Y EL DERECHO A LA SOBERANÍA PERMANENTE SOBRE LOS RECURSOS Y RIQUEZAS NATURALES

Las tensiones surgidas entre el ejercicio de la soberanía y los retos planteados desde el punto de vista medioambiental otorgan una dimensión de gran importancia intelectual y metodológica a la interpretación efectiva de los principios inherentes al desarrollo sostenible en una de las áreas más emblemáticas del mundo al respecto como es el Ártico. De ahí deriva una cuestión básica, asociada a la hipótesis que lleva a plantear de qué manera el enfoque integrado de la sostenibilidad, puede contribuir a la gestión sostenible del espacio ártico teniendo en cuenta al propio tiempo el ejercicio de la soberanía sobre los recursos y riquezas naturales, lo que induce a entenderlo como un desafío económico, social y medioambiental, mediante la debida integración de los tres elementos que lo definen. La forma de alcanzar el equilibrio entre ellos supone necesariamente una limitación en la explotación de los recursos, con

Populations, Societé, 2020/3, 2021/1, párr. 18 y ss. Traducción propia.

la consiguiente incidencia que ello supone sobre uno de los elementos centrales, el pilar económico.

En el Derecho Internacional se reconoce el principio de soberanía permanente sobre los recursos y riquezas naturales (artículo 2 Carta de Derechos y Deberes Económicos de los Estados[261], artículo 1 común a los Pactos de Derechos Civiles y Políticos y de Derechos Económicos, Sociales y Culturales, y en los artículos 56, 77, 193 de la Convención de Naciones Unidas sobre Derecho del Mar (en adelante, CNUDM)). Este derecho, promovido en pleno fervor del Nuevo Orden Económico Internacional (en adelante, NOEI), supone el reconocimiento de los Estados del derecho para explotar los recursos que se encuentran en su territorio -terrestre y espacios marinos sometidos a la soberanía- sin injerencias externas, y a él recurren "European oil-producing countries, such as Norway [and] Russia, [who] also make reference to the principle in their natural resource policies aimed at fostering national economic development"[262].

Ahora bien, como afirma Schrijver, el desarrollo sostenible impone deberes que limitan este derecho. Y es que a pesar de que el origen de esta limitación se concretaba en el deber de prevención de los efectos extraterritoriales que pudieran causar daños en terceros Estados, hoy está plenamente presente en relación con la gestión interna de los recursos naturales, teniendo en cuenta los intereses de los pueblos indígenas y de las generaciones futuras, lo que puede comprobarse, además

---

261 A/RES/3281 (XXIX) de 14 de diciembre de 1974.

262 Schrijver, N., *The Evolution of Sustainable Development in International Law: Inception, Meaning and Status, op. cit.*, versión electrónica. Sobre Rusia y el desarrollo sostenible, véase Gladun, E., "Sustainable Development of Russian Arctic: Legal Implications", *The NISPAcee Journal of Public Administration and Policy,* vol. XII nº2, 2019/2020, pp. 29 y ss.

de en la Agenda 2030, en algunos instrumentos convencionales, como la CNUDM, el Convenio sobre Biodiversidad o el Tratado sobre la Carta de la Energía[263].

La Declaración de Nueva Delhi aludió en 2002 a la "obligación de los Estados de "asegurar la utilización sostenible de los recursos naturales", que constituye la limitación clave al ejercicio del derecho sobre la explotación de los recursos y riquezas naturales. Así, si bien se reconoce "el derecho soberano de administrar [los] propios recursos naturales de conformidad con sus propias políticas ambientales y de desarrollo", los Estados deben garantizar que "todas las actividades que se desarrollen dentro de su jurisdicción o bajo su control no provoquen perjuicios significativos al medio ambiente de otros Estados o de zonas fuera de los límites de su jurisdicción nacional"[264]. Pero, además, se reconocen las obligaciones de los Estados en relación con los recursos naturales y los derechos de los pueblos indígenas, así como en relación con la protección medioambiental y la toma en consideración de las necesidades de las generaciones futuras. Así, se dispone que "todas las entidades pertinentes (en especial los Estados, las empresas industriales y otros integrantes de la sociedad civil) tienen la obligación de evitar la utilización dispendiosa de los recursos naturales y promover políticas encaminadas a reducir al mínimo los desechos"[265].

Esta cuestión, fue objeto de análisis por la ILA a través del *Comité sobre el papel del Derecho Internacional en relación con la gestión sostenible de los recursos naturales para el desarrollo.* En su informe final se anexan las directrices de la ILA de 2020, adoptadas

---

263 International Law Association, Resolution 3/2002, Sustainable Development, New Delhi Declaration of Principles of International Law Relating to Sustainable Development, párr. 1.

264 Id., párr. 1.1. Traducción propia.

265 Id. Traducción propia.

en la Conferencia de Kioto (2020)[266]. En este instrumento se analizan diferentes sectores -en relación con los recursos globales: cuerpos celestes, la atmósfera, la biodiversidad, océanos y recursos vivos y no vivos; en relación con los transfronterizos: bosques, ríos y acuíferos, especies migratorias, etc.- en los cuales el derecho a la soberanía permanente sobre los recursos y riquezas naturales se limita en virtud de la obligación de realizar una gestión sostenible, fundamentalmente prevista en instrumentos convencionales de alcance universal y regional. Merece la pena detenerse en el análisis que sobre determinados sectores ha realizado la ILA. Así, por ejemplo, en el caso de los mares y sus recursos vivos y no vivos, señala la ILA que "los Estados en función de las obligaciones establecidas en el Derecho Internacional deben conservar los mares, aplicar el principio precautorio, la debida diligencia, llevar a cabo evaluaciones de impacto ambiental, para garantizar la gestión sostenible de los océanos, que incluye la gestión y conservación de las poblaciones de peces migratorios"[267].

Por lo que respecta a los estándares y técnicas para una aplicación efectiva del desarrollo sostenible en la gestión de los recursos naturales, la ILA indica que estamos ante un marco jurídico emergente y en desarrollo, aunque existen una serie de técnicas y estándares a los que los Estados recurren habitualmente. Así, desde la perspectiva que provee el enfoque de derechos humanos, se han diseñado "las evaluaciones de impacto ambiental y derechos humanos, las evaluaciones de impacto social, que se extienden a diversos niveles, desde la planificación a la ejecución, y en el ámbito internacional, nacional y local, sin olvidar el reconocimiento del derecho al debido

---

266 International Law Association, Kyoto Conference: the role of International Law in Sustainable Natural Resources Management for Development, 2020.

267 Id., párr. 3.1.6. Traducción propia.

proceso que reconoce la necesidad de disponer de recursos procesales efectivos para los defensores y las defensoras de derechos humanos"[268].

También desde el Derecho Internacional Económico se ha abordado esta cuestión, así, incluso desde el marco multilateral, la Organización Mundial del Comercio (en adelante, OMC) ha impulsado las negociaciones del *Acuerdo plurilateral sobre Bienes Ambientales*[269], aunque con poco éxito hasta la fecha. Más éxito tiene la inclusión de disposiciones, incluso capítulos enteros, relativos al desarrollo sostenible en los acuerdos comerciales regionales[270]. No obstante, el mecanismo de solución de diferencias de la OMC ha reconocido que en virtud del "principio de soberanía sobre los recursos naturales [se] reconoce que los miembros de la OMC tienen derecho a utilizar sus recursos naturales para promover su desarrollo, al tiempo que también alienta la reglamentación de ese uso para lograr un desarrollo sostenible. Así pues, con arreglo al principio, la conservación y el desarrollo económico no son objetivos de política excluyentes; pueden operar en armonía"[271]. Esta interdependencia también se ha manifestado en la jurisprudencia internacional

---

268 Id., párr. 3.2.1. Traducción propia.

269 Véase Acuerdo sobre Bienes Ambientales, disponible en https://www.wto.org/spanish/tratop_s/envir_s/ega_s.htm consultado el 2 de noviembre de 2022.

270 Véase Manero Salvador, A., "La política comercial común de la Unión Europea y el desarrollo sostenible", *Revista de Derecho Comunitario Europeo,* nº 66, 2020, pp. 614 y ss.

271 Informe del Grupo Especial, China-medidas relacionadas con la exportación de tierras raras, volframio (tungsteno) y molibdeno, WT/DS431/R, WT/DS432/R y WT/DS433/R, 26 de marzo de 2014, p. 108, Párr. 7.265

en casos clásicos como el asunto *Gabcikovo-Nagymaros*, y se ha reiterado por la Corte Permanente de Arbitraje[272].

En el Ártico, el desarrollo sostenible ha sido asumido tanto por el Consejo Ártico como por los Estados como eje vertebrador de las diferentes actividades que tienen lugar en la región, aunque, evidentemente, el desarrollo de la región genera inevitablemente temores sobre los impactos sociales y medioambientales[273]. En este sentido, conviene preguntarse si el desarrollo sostenible es un principio rector válido en el Ártico, porque, como dice Bock, el desarrollo del Ártico no debe agotar los recursos naturales ni disminuir la capacidad de resiliencia del ecosistema ártico[274].

En el Ártico, la explotación de los recursos es muy controvertida, porque no solo va a incrementar el impacto en el calentamiento de la región, sino que también va a afectar a los pueblos indígenas, en tanto que incide en sus modos de vida. De hecho, entre las comunidades indígenas del Ártico se están produciendo tensiones entre aquellas que defienden una postura más conservacionista y los que buscan extraer beneficios de la explotación de los recursos[275]. Ahora bien, también se plantea un potencial conflicto en las relaciones

---

272 Award of the Arbitral Tribunal, The Kingdom of Belgium and The Kingdom of Netherlands, In the Arbitration regarding the Iron Rhine Railway, The Hague, 24 May 2005. Véase Saco, V., "Arbitraje sobre el Rin de Hierro. Laudo de la Corte Permanente de Arbitraje (Bélgica y Países Bajos)", *Agenda Internacional*, nº 27, 2009.

273 Véase Matthews, D., "Reframing sovereignty for the Anthropocene", *Transnational Legal Theory*, vol. 12, nº 1, 2021, p. 68.

274 Bock, N., "Sustainable Development Considerations in the Arctic", en Berkman, P.A, y Vylegzhanin, A.N. (eds.), *Environmental Security in the Arctic Ocean*, Springer, 2012, p. 38.

275 Véase Watt-Cloutier, S., *The Right to Be Cold. One Woman's Fight to Protect the Arctic and Save the Planet from Climate Change*, University of Minnesota Press, 2018.

entre los pueblos indígenas y los Estados árticos, porque "the legacy of the Arctic colonization remains present today with the sovereign rights of western States to govern and manage natural resources in the region. In particular, the exercise of State sovereignty perpetuates the colonization process by undermining indigenous self-determination in their control of lands and natural resources"[276].

3. LA INSUFICIENCIA DEL DESARROLLO SOSTENIBLE EN UN ESPACIO DE EXTREMA FRAGILIDAD ECOLÓGICA

A. La sostenibilidad y la Agenda 2030. La resiliencia, el problema de diagnóstico y el Antropoceno

Las reflexiones que cabe hacer sobre la situación actual del Gran Norte no pueden plantearse al margen de los argumentos que valoran, desde un enfoque crítico, cuando no escéptico y pesimista, la aplicación efectiva de la noción de desarrollo sostenible en función de las limitaciones que presenta respecto a la corrección de los efectos derivados del calentamiento global. Así se explica esa corriente disconforme con el concepto que ha hecho acto de presencia en el panorama científico contemporáneo abriendo un interesante debate que no puede quedar soslayado cuando se trata de verificar el alcance de las implicaciones de la Agenda 2030 en el escenario en el que se centra este estudio. Fieles a este planteamiento revisionista,

---

276 Cambou, D., y Smis, S., "Permanent Sovereignty over natural resources from a human rights perspective: natural resources exploitation and indigenous peoples' rights in the Arctic", *Michigan State International Law Review*, vol. 22, 2013, p. 349.

autores como Robinson son contrarios a que el desarrollo sostenible pueda ser considerado como el paradigma relacional adecuado en el contexto de la crisis climática. Así, hace hincapié en el hecho de que los Estados necesitan más orientación sobre cómo los seres humanos y la naturaleza pueden coexistir, más allá del desarrollo sostenible, que no es el paradigma adecuado en el contexto del Antropoceno[277]. Y es que el marco normativo de la sostenibilidad, si bien es bienintencionado, incluso necesario, no es suficiente para afrontar el reto, y condena que "each successive rhetorical endorsement of "sustainable development" emphasizes inmediate human needs more and sustaining environmental system less"[278].

Para Vordermayer, la resiliencia es una alternativa a la noción de sostenibilidad, porque sirve para superar los defectos conceptuales de ésta. Así, la resiliencia "describe la capacidad de un sistema para hacer frente a un evento o tendencia peligrosa o perturbación, respondiendo o reorganizándose de manera que se mantiene su función esencial, su identidad y estructura, y mantiene también, la capacidad de adaptación, aprendizaje y transformación". En consecuencia, los sistemas resilientes se caracterizan porque pueden "superar degradaciones severas, ya sea adaptándose a los cambios o volviendo al estado previo a la perturbación, por lo que es imprescindible mantener las funciones básicas del sistema" y proceder a reconocer la "conexión entre los sistemas sociales, económicos y ambientales"[279]. En este sentido, la resiliencia de los sistemas

---

277 Robinson, N.A., "Fundamental Principles of Law for the Anthropocene?", *op. cit.*, p. 15

278 Robinson, N.A., "Beyond sustainability: environmental management for the Anthropocene Epoch", *Journal of Public Affairs*, vol. 12, number 3, 2012, p. 184.

279 Vordermayer, M., "Gardening the Great Transformation: The Anthropocene Concept's Impact on International Environmental Law Doctrine", *op. cit.*, pp. 83 y 84. Traducción propia.

superaría a la sostenibilidad, en la medida en que ésta última se basa en el equilibrio, pero no cuestiona los efectos de los factores entre los pilares económico, social y medioambiental. Por su parte, la resiliencia si bien serviría para conjugar los tres pilares, pone el acento en la capacidad de los ecosistemas de superar los efectos negativos, de manera que el pilar económico no podría menoscabar al medioambiental si pretende salvaguardar la capacidad de resiliencia.

Cardesa-Salzmann y Pigrau también cuestionan la idoneidad del desarrollo sostenible para afrontar los retos de nuestro tiempo, más concretamente cuestionan la idoneidad de la Agenda 2030[280]. Así, dicen estos autores que "el diagnóstico de los desafíos reales que afronta el planeta consensuado en el texto final de la Declaración consiste en una extensa lista de retos […] pero […] no se establece ninguna relación causal ni conexión entre el sistema económico global imperante y tales desafíos, cuando es relativamente sencillo prever una difícil convivencia por ejemplo, entre la estructura de la industria agroalimentaria real y la mejora de la nutrición o la promoción de la agricultura sostenible (ODS2); o entre un crecimiento económico que se persigue intensificando la presión sobre los recursos naturales con tendencia a superar en muchos aspectos la capacidad de carga del planeta, con la garantía de modalidades de consumo y producción sostenibles (ODS12)"[281]. Estos

---

280 Sobre la necesidad de adecuar la Agenda 2030 al Antropoceno, véase Norstöm, A, V., Dannenberg, A., McCarney, G., Milkoreit, M., Diekert, F., Engström, G., Fishman, R., Gars, J., Kyriakopoolou, E., Manoussi, V., Meng, K., Metian, M., Sanctuary, M., Schlüter, M., Schoon, M., Schltz, L., y Sjöstedt, M., "Three necessary conditions for establishing effective Sustainable Development Goals in the Anthropocene", *Ecology and Society*, vol. 19 (3), 2014.

281 Cardesa-Salzmann, A., y Pigrau Solé, A., "La Agenda 2030 y los Objetivos para el desarrollo sostenible. Una mirada crítica sobre su aportación a la gobernanza global en términos de justicia distributiva

autores expresan una idea muy sugerente y es la del "desenfoque en el diagnóstico de los problemas"[282]. Esta idea les sirve para afirmar que "transcurrido prácticamente un cuarto de siglo desde el encumbramiento del desarrollo sostenible como paradigma de la gobernanza global, su virtualidad para articular respuestas eficaces a los desequilibrios sociales globales y al alarmante deterioro de la integridad ecológica del planeta está siendo puesta en duda"[283]. Y una de las principales causas de este cuestionamiento residiría en que "más allá de aunar las voluntades de los protagonistas de las principales tensiones interestatales en el contexto de la protección global del medio ambiente en torno a grandes formulaciones de principio, hasta la fecha la comunidad internacional ha sido incapaz de promover soluciones que modulen el objetivo del desarrollo económico en función de la justicia social y la protección de los recursos medioambientales en situaciones específicas"[284].

Kotzé y French consideran que la Agenda 2030 tiene un claro fundamento antropocéntrico, lo que es "an unfortunate situation which reinforces the anthropocentrism of the [International Environmental Law]"[285], y que está diseñada con base "on human development, progress and the improvement of the human condition"[286] "while ignoring the critical need to respect Earth system integrity and ecological limits"[287]. De ahí

---

y sostenibilidad ambiental", *Revista española de Derecho Internacional*, vol. 69/1, 2017, p. 282.

282 Id.

283 Id., p. 284.

284 Id.

285 Kotzé, L.J., y French, D., "The Anthropocentric Ontology of International Environmental Law and Sustainable Development Goals: Towards an Ecocentric Rule of Law in the Anthropocene", *op. cit.*, p. 5.

286 Id., p. 26.

287 Id., p. 27.

que este enfoque sea cuestionado por estos autores: "Regrettably, the SDGs never ventured beyond the axiomatic confines of weak anthropocentric sustainable development, and in their final iteration merely reinforce the anthropocentric sustainable human development agenda that has also been pivotal in the [International Environmental Law] framework for the past 50 years"[288].

En esta línea, podríamos considerar que a medida que progrese la toma de conciencia sobre el Antropoceno y sus implicaciones, el concepto de sostenibilidad se va a manifestar como inadecuado, porque, la sostenibilidad ha estado presente desde prácticamente mediados del siglo XX, hasta alcanzar su máximo protagonismo como eje vertebrador de las relaciones internacionales con la Agenda 2030, pero no ha sido capaz de afrontar los retos o de proporcionar soluciones a los diferentes problemas a los que se ha enfrentado. El autor más radical al analizar este tema es probablemente Kotzé. Para él, la sostenibilidad puede ser considerada como un concepto que persigue la mejor forma de vivir en el mundo, teniendo en cuenta las necesidades económicas, sociales y medioambientales, pero es que aquí donde, para este autor, reside "la mayor falacia jurídico-política de la sostenibilidad, porque promete de forma complaciente recursos suficientes en un momento de crisis ecológica global y de escasez de recursos, y lo hace a través

---

288 Id.
Señalan, no obstante que "only Goals 7,11, and 14 aim to go a little beyond the human focus of most of the SDGs to the extent that they recognise the need for people to find 'sustainable' alternatives to increase resilience. This does not render them ecocentric in any overt sense; they are simply more accommodative of the idea that the success of the SDGs' developmental agenda and their social objectives is entirely contingent on continued existence of limited environmental resources" Id., p. 28.

de una retórica normativa y política que goza de aprobación y aceptación social".

Además, según Kotzé, "otra falacia de la sostenibilidad la constituyen sus fundamentos, que son falsos, como la creencia de que los humanos son capaces de limitar el consumo de su capital ecológico para satisfacer las demandas no ya de las generaciones futuras, sino incluso de las presentes, o que la tierra y sus sistemas son estables". Por todo ello, concluye Kotzé que "el Antropoceno expone al desarrollo sostenible por el fraude que en realidad es"[289].

En mi opinión, el desarrollo sostenible no es tanto un fraude, como un concepto meritorio que ha intentado aunar diferentes factores con el objeto de lograr un equilibrio entre un modelo económico extractivista, una sociedad desigual y un medioambiente que se deteriora día a día. Pero conseguir ese equilibrio es francamente complicado. Mientras el modelo extractivista se mantenga, las desigualdades se incrementarán y el planeta se adentrará aún más en una crisis climática sin precedentes, que apunta hacia un horizonte catastrófico. Este es el escenario en el que el Ártico se encuentra, por lo que hay que plantearse de qué manera la articulación de los tres pilares del desarrollo sostenible sería capaz de resultar equilibrada.

Kristoffersen y Langhelle presentan un escenario preocupante porque dicen que la agenda global de desarrollo, impulsada desde el crecimiento económico, que, por lo que atañe al Ártico, implica la extracción de combustibles fósiles, gas y petróleo -considerados como la *joya de la corona del Ártico*-, convierte a este espacio en un escenario de oportunidades[290], y es

---

289 Kotzé, L.J., "Rethinking Global Environmental Law and Governance in the Anthropocene", *op. cit.*, pp. 136 y 137. Traducción propia.

290 Kristoffersen, B., y Langhelle, O., "Sustainable Development as a Global-Arctic Matter: Imaginaries and Controversies", *op. cit.*, p. 30

que nos encontramos ante el círculo vicioso de los recursos árticos, ya que, si bien el calentamiento global facilita su extracción, ésta puede dañar severamente al ecosistema ártico, y el uso de esos recursos va a acelerar el cambio climático, al tiempo que su demanda no deja de crecer a nivel mundial[291]. Por ello, no deja de ser contradictorio que "en términos de energía y desarrollo sostenible, se incluya la explotación los hidrocarburos árticos" para los Estados de la región. En consecuencia, constituye un gran desafío equilibrar la explotación de los hidrocarburos árticos con las dimensiones social y

---

[291] Cuentan Gad, Jacobsen y Strandsbjerg el siguiente hecho: "In 2012, Greenland's legislature [...] overturned a 1988 ban on the mining of radioactive materials. While the critics of this controversial decision highlighted the environmental hazards involved in the mining process, as well as ethical problems, the proponents argued that lifting the ban would contribute to the sustainable development of Greenland. Sustainable in this context means that the Greenlandic society would be able to sustain itself economically. The logic of this argument flies in the face of one of the most common assumptions about sustainability: that it is about protecting nature from adverse effects from human activity. Moreover, the argument sits uneasily with another understanding prevalent in the Arctic, namely that Indigenous ways of living are also worth sustaining. However, it makes sense within a national logic according to which it is neither nature nor culture but a particular community – in this case the modern, postcolonial Greenlandic one – that needs to be sustained. But unsustainable global levels of CO2 emission destroy the natural habitat of the polar bear and make seal hunting difficult. So, producing energy from uranium rather than oil may also contribute to sustaining certain Arctic ecosystems and cultural practices. The decision to lift the ban clearly exhibits the political character of the concept of sustainability." Gad, U., P., Jacobsen, M., Strandsbjerg, J., "Sustainability as a political concept in the Arctic", en Gad, U., P., Jacobsen, M., Strandsbjerg, J. (eds.), T*he Politics of Sustainability in the Arctic. Reconfiguring Identity, Space, and Time,* Routledge, Londres, 2018, p. 1.

medioambiental del desarrollo sostenible, lo que, estos autores, consideran inviable[292].

B. Buscando una respuesta. De la integridad del sistema, el constitucionalismo global y el Pacto Mundial por el Medio Ambiente

¿Qué respuesta se puede dar, pues, si el paradigma del desarrollo sostenible aparece sometido a revisión e incluso llega a ser cuestionado? En principio, es evidente que ha de ser tenido en cuenta y que las modificaciones que sobre él pudieran hacerse deben ser efectuadas con mucha cautela y sin perder la perspectiva de los factores que justifican su aparición en la escena internacional, debido a que, como bien señalan, Kotzé y French hay "insurmontable challenges", como "the problem of global consensus building [...] the lack of political will to address global socio-ecological decay [...], and concerns about global justice, which are clearly evident in the ever-deepening North-South divide"[293]. Por lo tanto, sobre la base de la utilidad que aportan los enfoques críticos, resulta pertinente la necesidad de buscar un marco alternativo, que "pueda ser usado como punto de partida para facilitar una orientación ecocéntrica desde la que sea posible dirigirse a los problemas de las personas, y al tiempo respetar los límites ecológicos que aseguren la integridad del sistema terrestre", y para ello estos autores proponen la combinación de dos ideas que están presentes en la Agenda 2030: la promoción del estado de derecho a nivel

---

292 Kristoffersen, B., y Langhelle, O., "Sustainable Development as a Global-Arctic Matter: Imaginaries and Controversies", *op. cit.*, pp. 31 y 32. Traducción propia.

293 Kotzé, L.J., y French, D., "The Anthropocentric Ontology of International Environmental Law and Sustainable Development Goals: Towards an Ecocentric Rule of Law in the Anthropocene", *op. cit.*, p. 30.

internacional (meta 16.3) y la consideración de que "el planeta Tierra y sus ecosistemas son nuestro hogar común"[294], que daría lugar "a more coherent ecocentric rule of law, premised on planetary boundaries and an ecological understanding of human development and its limitations".[295] Dentro de estas coordenadas, y sobre la base que el conocimiento de la realidad ártica proporciona, considero oportuno abordar la valoración de las perspectivas en función de la dialéctica planteada entre la salvaguarda de los valores ambientales de la región y los condicionamientos introducidos por las relaciones de soberanía y cooperación que en ella se concitan.

El Antropoceno nos obliga a replantearnos el marco normativo actual, de manera que se debe superar la atomización y la fragmentación del orden internacional pensando el sistema terrestre como un único sistema que constituye un bien jurídico a proteger. Esta perspectiva holística del marco jurídico que debe afrontar los retos a los que nos enfrentamos, parte del concepto de *integridad ecológica* que sirve de fundamento al *derecho ecológico*[296] y al

---

294 Asamblea General, Transformar nuestro mundo: La Agenda 2030 para el Desarrollo Sostenible, A/RES/70/1 de 25 de septiembre de 2015, párr. 59.

295 Kotzé, L.J., y French, D., "The Anthropocentric Ontology of International Environmental Law and Sustainable Development Goals: Towards an Ecocentric Rule of Law in the Anthropocene", *op. cit.*, p 31.

296 Véase Burdon, P.D., "Ecological law in the Anthropocene", *Transnational Legal Theory*, vol. 11, nº 1-2, 2020, p. 42 y ss.
El derecho ecológico, en palabras de Kotzé y Kim se ha planteado como una alternativa al marco actual, de la mano de la integridad ecológica, de las necesidades de las generaciones futuras, el valor de los seres no humanos o los derechos de la naturaleza, desde una perspectiva ecocéntrica. Así, persigue tener como referente una naturaleza sin intervención humana, que, a juicio de estos autores, se encuentra asentada en parámetros del Holoceno, de manera

derecho del sistema terrestre[297].

En el primero, concepto de *integridad ecológica* no es nuevo, dado que ya ha sido plasmado en diferentes instrumentos, como el informe Brundlant donde se afirmaba que "el desarrollo duradero requiere que se reduzcan al mínimo los efectos adversos sobre la calidad del aire, del agua y demás elementos naturales, de manera que se mantenga la integridad de conjunto del

---

que tiene por objeto restaurar la integridad de la naturaleza. Por su parte, el derecho del sistema terrestre parte de la existencia de un sistema socioecológico, dominado por la acción humana, y que se centra en la Tierra, porque no va a considerar a la humanidad o a la naturaleza como referentes, sino al sistema socioecológico en su conjunto. Como dicen Kotzé y Kim, el Derecho del sistema terrestre "rechaza el dualismo cartesiano entre la ética ecocéntrica y la antropocéntrica", y ante el panorama desconocido que plantea el Antropoceno parte de la consideración del desconocimiento ante el futuro, en contraposición al derecho ecológico y su mirada sobre el pasado. Además, siguiéndoles, "el terracentrismo implica que el Derecho del sistema terrestre tendría que ir más allá de las escalas de tiempo ecológicas para alinear los asuntos humanos con las escalas de tiempo geológicas [...]. Las escalas de tiempo geológicas corresponden a los principales ciclos biogeoquímicos globales, como los ciclos del carbono y del agua. El derecho del sistema terrestre, por ejemplo, no trata de abordar el problema del cambio climático a través de soluciones rápidas [...], sino que tiene plenamente en cuenta la vida útil del dióxido de carbono en la atmósfera. Según los científicos [...], una unidad de dióxido de carbono emitida a la atmósfera solo se eliminará por completo y no tendrá ningún impacto en el sistema climático cuando se haya disuelto en las profundidades del océano, lo que lleva miles de años [...]. De manera similar, la ley de la Tierra tendrá que adaptarse a esa perspectiva a largo plazo." Kotzé, L.J., y Kim, R.E., "Earth System Law: The juridical dimensions of earth system governance", *op. cit.*, p. 6 y ss. Traducción propia.

297 Id., y Kotzé, L.J., "Earth system law for the Anthropocene: rethinking environmental law alongside the Earth system metaphor", *Transnational Legal Theory*, vol. 11, issue 1-2, 2020, p. 75 y ss.

ecosistema"[298]; en la *Declaración de Río sobre Medio Ambiente y Desarrollo* donde el Principio 7 dispone que "los Estados deberán cooperar con espíritu de solidaridad mundial para conservar, proteger y restablecer la salud y la integridad del ecosistema de la Tierra"[299]; o en la *Convención sobre la conservación de los recursos vivos marinos antárticos* que reconoce "la importancia de salvaguardar el medio ambiente y de proteger la integridad del ecosistema de los mares que rodean la Antártida"[300]. Ahora bien, como han dicho Bridgewater, Kim y Bosselmann, no existe una definición generalmente aceptada de integridad ecológica, lo que conduce a estos autores a proponer una basada en los instrumentos internacionales y en la práctica internacional, en especial en relación con la labor desarrollada en el marco de la *Convención sobre los Humedales de importancia internacional, especialmente como hábitat de aves acuáticas,* más conocida como Convención de Ramsar. Así, la integridad ecológica sería "la combinación de la biodiversidad y los procesos ecosistémicos que caracterizan un área determinada en un momento dado"[301], y, a nivel global sería "la combinación de la biodiversidad y los procesos del ecosistema que caracterizan a la biosfera como un todo durante la época del Holoceno"[302], época en la que la capacidad de resiliencia de la tierra permitía el desarrollo de la vida, de ahí que los límites planetarios se fijen de esta manera, esto es, en el marco "del espacio seguro para el desarrollo

298 Asamblea General, Informe de la Comisión Mundial sobre el Medio Ambiente y el Desarrollo, A/42/427, 4 de agosto de 1987, p. 63.

299 Declaración de Río sobre Medio Ambiente y Desarrollo 1992.

300 Convención sobre la conservación de los recursos vivos marinos antárticos, hecha en Canberra, mayo de 1980.

301 Bridgewater, P., Kim, R.E., y Bosselmann, K., "Ecological Integrity: A Relevant Concept for International Environmental Law in the Anthropocene?", *Yearbook of International Environmental Law,* vol. 25, nº 1, 2005, p. 72. Traducción propia.

302 Id., p. 73. Traducción propia.

humano"[303], y es que, los límites planetarios "están destinados a revelar los puntos de inflexión cuya transgresión puede causar la alteración generalizada e irreversible del sistema de la Tierra.[304]"

Por lo que respecta a cómo se puede enmarcar la integridad ecológica en el Derecho Internacional, ésta serviría para reenfocar el objeto del orden jurídico hacia la conservación, de manera que la "integridad ecológica global podría usarse como un elemento para valorar la adecuación de los comportamientos de los Estados a las normas"[305], es más, según Bridgewater, Kim y Bosselmann, "el concepto de integridad ecológica es particularmente útil como *grundnorm* medioambiental para lograr una protección integral de los sistemas que sustentan la vida

303 Id.

304 Vordermayer, M., "Gardening the Great Transformation: The Anthropocene Concept's Impact on International Environmental Law Doctrine", *op. cit.*, p. 81. Traducción propia.
Este autor realiza una muy interesante reflexión sobre los límites: "The boundaries approach has been particularly hailed for its ability to move beyond the traditional focus on individual, issue-, or media-specific environmental systems and processes that have tended to overlook cumulative effects. Instead, it aims at shifting attention to 'the Earth system as a single, integrated complex system,' which is to be maintained in a 'safe operating space.' Unlike the Anthropocene notion, however, the boundaries concept pursues the maintenance of an environmental state that converges with the variability during the Holocene era. The definition of 'boundaries,' thus, has quickly left the field of mere descriptive accounts and taken on some normative traits, when, for example, authors have attempted to determine the outer margins for a 'healthy' development of the Earth system." Id., pp. 81 y 82.

305 Bridgewater, P., Kim, R.E., y Bosselmann, K., "Ecological Integrity: A Relevant Concept for International Environmental Law in the Anthropocene?", op. cit., p. 74. Traducción propia.

en la Tierra”[306]. Las principales consecuencias de este cambio de paradigma residirían en que el enfoque atomizado de la regulación debe adecuarse a este enfoque holístico, lo que les conduce a señalar que “los esfuerzos fragmentados deberán evaluarse de acuerdo con el objeto colectivo de la protección de la integridad ecológica global”, lo que servirá para mejorar la coherencia[307] del Derecho Internacional[308].

Por lo que respecta al segundo, está la propuesta de Kotzé acerca del *momentum constitucional global* que plantea el Antropoceno, en cuya virtud, el Derecho Internacional “debe extenderse más allá de los límites fragmentados de los Estados y deshacerse de su enfoque fragmentado en problemas ambientales específicos. [...] El predominio clásico del enfoque de “regulación de la contaminación” y “conservación de la biodiversidad” [...] debe dar paso a un paradigma planetario de cuidado en el que las personas tomen cada vez más conciencia

306 Id., p. 75. Traducción propia.
Véase también sobre la misma idea, pero en relación a la visión de la Agenda 2030, Kim, R.E., y Bosselmann, K., “Operationalizing Sustainable Development: Ecological Integrity as a Grundnorm of International Law”, *Review of European, Comparative and International Environmental Law,* vol.24/2, 2015, p. 194 y ss.

307 Id.

308 En esta línea se formulan también los derechos de la naturaleza. Véase al respecto el número monográfico sobre esta cuestión, en la Revista catalana de dret ambiental, más concretamente los trabajos de Bagni, S., Ito, M., y Montini, M., “Derechos de la naturaleza en debate en el contexto jurídico europeo”, y Montes Cortés, C., “Reconocimiento de la naturaleza como entidad sujeto de derechos: ¿una consecuencia de las limitaciones del derecho ambiental?”, ambos en *Revista catalana de dret ambiental,* vol. 13, núm. 1, 2022.
Cabe destacar, en este sentido, la creación en el marco que proporciona Naciones Unidas del Programa de Armonía con la Naturaleza disponible en http://www.harmonywithnatureun.org consultado el 2 de noviembre de 2022.

de su dominio sobre la naturaleza a escala global"[309]. La peculiaridad de esta propuesta reside en el hecho de que el constitucionalismo está ligado intrínsecamente a la esfera interna de los Estados, pero este autor señala que esta percepción debe verse modificada por la entrada en juego de diferentes elementos -desde la globalización a la toma en consideración de las fronteras planetarias-, pero fundamentalmente se ve alterada como consecuencia de la existencia de problemas ambientales globales "que afectan a todos en todas partes sin tener en cuenta las fronteras físicas ni los límites de la soberanía", por lo que "estas realidades globales promueven que el constitucionalismo se aplique más allá del Estado, extendiendo la relevancia, aplicación y vigencia del constitucionalismo a la esfera global para manifestarse como constitucionalismo global"[310]. Si bien estamos ante una propuesta bienintencionada, considero que es inadecuada, o al menos, aún no tiene la madurez suficiente, dada la ausencia de instituciones y de un marco jurídico similar a los existentes a nivel interno en el ámbito internacional[311].

---

309 Kotzé, L., J. "A Global Environmental Constitution for the Anthropocene?", Transnational Environmental Law, vol.8, nº 1, 2019, p. 11 y Kotzé, L.J., "The Anthropocene's Global Environmental Constitutional Moment", *Yearbook of International Environmental Law,* vol. 25, nº 1, 2015, p. 30. Traducción propia.

310 Id., p. 35. Traducción propia.

311 Kotzé y Kim son conscientes de la falta de maduración de esta propuesta. Véase Kotzé, L.J., y Kim, R.E., "Earth System law: the juridical dimension of earth system", *op. cit.,* p. 6 y ss.
Más concretamente, señalan estos autores que: "Si bien existe un vínculo claro entre la gobernanza del sistema terrestre y el derecho, este vínculo sigue sin ser debidamente explorado. Observamos claramente […] una *Brecha del Antropoceno* en relación con el papel del derecho en la gobernanza del sistema terrestre; una especie de limbo en el que somos incapaces de diseccionar, comprender y responder jurídicamente a las principales implicaciones inducidas por las transgresiones en un planeta dominado por humanos […]. Como

También en esta tendencia aparece la propuesta de Ferrajoli de la Constitución de la Tierra, que considera que "solo una Constitución de la Tierra puede superar [los] factores de división, conflicto y discriminación del género humano que son las diversas soberanías"[312]. La primera de las emergencias que plantea este autor es el cambio climático y señala que "es necesario y urgente poner fin a esta deriva dando vida a una nueva fase del constitucionalismo que garantice, junto a los derechos fundamentales, cuya lógica individualista y cuyas garantías subjetivas los hacen inadecuados para la tutela de intereses colectivos, también los que podemos llamar *bienes fundamentales* en cuanto vitales –como el agua potable, el aire, el clima, los glaciares y el patrimonio forestal–, sustrayéndolos del mercado y de la política mediante la introducción de garantías objetivas, como por ejemplo, la institución de un dominio planetario, capaz de asegurar su intangibilidad"[313].

De las diferentes críticas vertidas sobre el marco existente, en particular sobre el desarrollo sostenible, para hacer frente a la crisis climática en el contexto del Antropoceno, muchas de

---

consecuencia de esta brecha, no queda claro cómo el derecho podría responder normativamente a algunas de las características clave del problema de la gobernanza del sistema terrestre. Estos incluyen, entre otros, el nivel de incertidumbre persistente que caracteriza la transformación antropogénica del sistema terrestre; las dependencias intergeneracionales creadas por la transformación del sistema terrestre; la interdependencia funcional de los elementos del sistema terrestre, como los sistemas climático y acuático; nuevas y múltiples formas y grados de interacción y la interdependencia humana y no humana; el extraordinario daño que se le está haciendo al sistema de la Tierra, incluidas las formas de abordar este daño y adaptarse a él, etc." Id., p. 2. Traducción propia.

312 Ferrajoli, L., *Por una Constitución de la Tierra. La Humanidad en la encrucijada*, Trotta, 2022, p. 116.

313 Id., p. 24. También en esta línea, véase Jaria, J., *La Constitución del Antroponceno*, Tirant lo Blanch, 2020.

ellas parten de la crítica al modelo fragmentado de regulación y a la ausencia de reflexión o de referencias acerca de la dificultad de alcanzar un equilibrio entre los tres pilares -económicos, social y medioambiental-. La segunda de estas cuestiones parece difícil de lograr, en la medida en los límites al crecimiento no están presentes en la propuesta, y son ignorados, porque el crecimiento económico constituye una parte esencial del concepto de sostenibilidad. Por otro lado, la cuestión de la integridad ecológica ha pretendido ser abordada recientemente con la iniciativa del *Club de juristes* sobre un Pacto Mundial por el Medio Ambiente.

El Pacto Mundial por el Medio Ambiente, propuesto por Francia haciendo suya la propuesta académica del *Club de Juristes*, suponía un avance importante en la línea de integrar la regulación internacional del medio ambiente, codificando los principios, estableciendo obligaciones diferenciadas, introduciendo el derecho al medio ambiente sano (artículo 1)[314], y creando un mecanismo de supervisión. De esta manera, partía de la introducción del principio de integridad.

La Asamblea General de Naciones Unidas, con su resolución 72/277 *Hacia un Pacto Mundial por el Medio Ambiente*, asumió esta iniciativa e inició el camino hacia la consecución de un instrumento convencional que sirviera para solventar las deficiencias y afrontar los retos de este sector del Derecho

---

314 Este derecho se recogería en los siguientes términos: "Toda persona tiene el derecho a vivir en un medio ambiente ecológicamente sano adecuado para su salud, bienestar, dignidad, cultura y desarrollo". Recordemos que este derecho fue reconocido por el Consejo de Derechos Humanos en su resolución A/HRC/48/L.23/Rev.1, derecho humano a un medio ambiente seguro, limpio, saludable y sostenible, distr. 5 de octubre de 2021.

Internacional[315]. En esta resolución, se pide al Secretario General que elaborase un informe sobre las lagunas existentes en el Derecho Internacional del Medio Ambiente para reforzar su aplicación (párr. 1) y se creó un grupo de trabajo de composición abierta para examinar el informe y la elaboración de un instrumento internacional (párr. 2).

En su informe, el Secretario General dividió el análisis de las lagunas en varios ámbitos, a saber "lagunas relativas a los principios del derecho internacional del medio ambiente", "lagunas en relación con los regímenes jurídicos vigentes", "instrumentos relacionados con el medio ambiente", "lagunas relativas a la estructura de gobernanza del derecho internacional del medio ambiente" y "lagunas relativas a la aplicación y eficacia del Derecho internacional del medio ambiente"[316]. La principal crítica a este informe, la comparto con Fajardo cuando señala que "en él se pone el foco de atención en salvar las lagunas del Derecho internacional del medio ambiente sin abordar el necesario desarrollo progresivo del derecho internacional que supondría colmarlas y a lo que los Estados se opondrían por la pérdida de soberanía que vislumbrarían en el proceso. Por otra parte, la defensa de un tratado general del medio ambiente tampoco se hace *per se*, sino subordinada a una codificación de principios, considerando que con ella se superarían los problemas de aplicación y cumplimiento del derecho internacional del medio ambiente"[317].

---

315 Asamblea General, Hacia un Pacto Mundial por el Medio Ambiente, A/RES/72/277, resolución aprobada por la Asamblea General el 10 de mayo de 2018.

316 Informe del Secretario General, Lagunas en el derecho internacional del medio ambiente y los instrumentos relacionados con el medio ambiente: hacia un pacto mundial por el medio ambiente, A/73/419, 30 de noviembre de 2018.

317 Fajardo del Castillo, T., "Avances y retrocesos en la negociación del Pacto Mundial por el Medio Ambiente", *Actualidad Jurídica Ambien-*

En mi opinión, la principal virtud del Pacto Mundial en su proyecto preliminar, residía en la codificación y desarrollo de los principios del Derecho Internacional del Medio Ambiente, como el deber de cuidado (artículo 2), el principio de integración y desarrollo sostenible (artículo 3), la equidad intergeneracional (artículo 4), el principio de prevención (artículo 5), el principio de precaución (artículo 6), el principio de daños ambientales (artículo 7), el principio quien contamina paga (artículo 8), el principio de acceso a la información (artículo 9), la participación pública (artículo 10), el acceso a la justicia (artículo 11), la educación y la formación (artículo 12), la investigación y la innovación (artículo 13), el papel de los actores no estatales y entidades subnacionales (artículo 14), la efectividad de las normas ambientales (artículo 15), la resiliencia (artículo 16), el principio de no regresión (artículo 17), el deber de cooperación (artículo 18), la protección del medio ambiente en los conflictos armados (artículo 19) y el principio de responsabilidad comunes pero diferenciadas (artículo 20).

Es destacable la codificación de principios de naturaleza consuetudinaria, como el principio de prevención[318], el principio quien contamina paga, el principio de acceso a la información o el principio de cooperación, al tiempo que se otorgaría cobertura normativa a otros principios como el de precaución. Con todo, podría considerarse que este instrumento constituía

---

tal, nº 95, 2019, p. 28.

318 Como ha indicado Fajardo "la codificación de prevención otorgaría un rango convencional a una norma consuetudinaria generalmente aceptada como la norma substantiva por excelencia del Derecho internacional del medio ambiente, tal y como se habría formulado previamente en las Declaraciones de Estocolmo y de Río (Principios 21 y 2, respectivamente). Esta aceptación general del principio de prevención se ha visto siempre empañada, sin embargo, por un grave déficit de cumplimiento, lo que ha sido constatado por la jurisprudencia internacional". Id., p. 22.

una extraordinaria oportunidad para dar entrada a tendencias más innovadoras en este sector, de la mano del principio de resiliencia y el de equidad intergeneracional[319], eso sí, sin renunciar, y podría suponer una incongruencia, al principio de integración y desarrollo sostenible[320]. Ahora bien, Kotzé y French señalan que las nuevas epistemologías que instan a centrarse en el sistema de la Tierra están ausentes en el Pacto, que debería abordar un "enfoque sistémico, más integrado que fuera adecuado a su propósito y que se expresase a través de conceptos e ideas que actuaran como lentes epistémicos, incorporando la contribución de conceptos tales como los límites planetarios, la gobernanza del sistema terrestre y el Antropoceno. Desde una perspectiva jurídica, esto llevaría a hablar del *derecho del sistema Tierra*, de una *Lex Anthropocenae*, que transformaría la perspectiva del derecho"[321], denominado por Kotzé y otros como el derecho del sistema terrestre -*Earth System Law*- [322]. En

---

319 Véase Van Dijk, N., "From exacerbating the Anthropocene's problems to intergenerational justice: An analysis of the communication procedure of the human rights treaty system", *Earth System Governance*, vol. 10, 2021, p. 1 y ss.

320 Kotzé y French señalan que esta cuestión hace que el "Pacto permanezca alineado con el enfoque antropocénico de los tres pilares para el desarrollo sostenible, un enfoque que sigue siendo un paliativo conveniente, que legitima en un alto nivel normativo y político el tipo de desarrollo desenfrenado que empuja los intereses ecológicos a la periferia de las preocupaciones regulatorias, mientras prioriza el desarrollo social y económico a expensas tanto de la integridad del sistema global de la Tierra como de la solidaridad internacional entre los pueblos". Kotzé. L.J., y French, D., "A critique of the Global Pact for the environment: a stillborn initiative or the foundation for Lex Anthropocenae?", *International Environmental Agreements: Politics, Law and Economics*, vol. 18, 2018, p. 822. Traducción propia.

321 Id., p. 818. Traducción propia.

322 Las principales virtudes de este sector superarían las carencias del Derecho Internacional del Medio ambiente, como "[the] lack of

consecuencia, "si [el Pacto] hubiera incorporado un enfoque de sistemas [...] [este instrumento] habría estado mejor alineado" con las nuevas tendencias que en la materia ocupan a la doctrina[323].

Lejos de ello, tras los avances realizados por el Grupo de Trabajo de composición abierta, el marco normativo del borrador ha cambiado sustancialmente, la estructura normativa ha desaparecido, se configura una suerte de recomendaciones que en ocasiones resultan difíciles de sistematizar, y en ellas se produce una clara vinculación con la Agenda 2030[324]. Con

---

normative ambition; its state-centrism; its anthropocentrism; its assumptions of Holocene stability, predictability and simplicity; and relatedly, its one dimensional focus on the "environment" instead of a more holistic focus on the earth system as its regulatory object". Du Toit, L., y Kotzé, J.L., "Reimagining international environmental law for the Anthropocene: An earth system law perspective", *Earth System Governance*, vol. 11, 2022, p. 2 y ss.

La primera vez que se formuló esta propuesta fue en Kotzé, L.J., y Kim, R.E. "Earth system law: The juridical dimensions of earth system governance", *op. cit.* Una crítica a esta propuesta puede verse en Petersmann, MC., "Sympoietic thinking and Earth System Law: The Earth, its subjects and the law", *Earth System Governance*, vol. 9, 2021.

323 Kotzé. L.J., y French, D., "A critique of the Global Pact for the environment: a stillborn initiative or the foundation for Lex Anthropocenae?", *op. cit.*, p. 818. Traducción propia.

Para estos autores "si el Pacto Global se hubiera llamado Pacto Global para la Integridad del Sistema Terrestre, o Pacto Global para la Tierra, habría puesto en primer plano el enfoque ético para resolver la problemática regulatoria socioecológica actual". Id., p. 819. Traducción propia.

324 Fajardo lo resumen de forma clara. Así, señala que "de la lectura de estos objetivos -y teniendo en cuenta la propuesta inicial francesa y el Informe del Secretario General-, se deriva un cambio importante en el enfoque del proyecto normativo original. Se observa una afirmación del bloque de obligaciones y compromisos que conforman el Derecho internacional del medio ambiente, omitiendo

todo, la principal decepción con este instrumento es la renuncia para convertirlo en un instrumento convencional[325]. Y es

---

ahora cualquier referencia a los principios y a los derechos de tercera generación. También se coloca la aplicación de este régimen normativo en el centro de atención y se vincula, por otra parte, a la cooperación al desarrollo y al desarrollo sostenible tal y como se presentan en la Agenda 2030. Y como colofón, el último objetivo evoca sin formularlo el principio de no regresión que en este caso no se refiere al derecho nacional, sino a los instrumentos jurídicos internacionales y a los marcos institucionales desarrollados para velar por su cumplimiento en los distintos niveles de acción. [...] En las recomendaciones, los principios del Derecho internacional del medio ambiente juegan ya un papel menor que queda subordinado y a la espera de lo que determine la Comisión de Derecho Internacional respecto a los principios generales del derecho." Fajardo del Castillo, T., "Avances y retrocesos en la negociación del Pacto Mundial por el Medio Ambiente", *op. cit.*, p. 35.

325 Según Maljean-Dubois "a new declaration has at least two benefits compared to the treaty-based approach. Even if States do weigh each word in such instrument, they are much less tense than when negotiating a treaty. The soft law form could thus lead to a more precise and demanding content than a binding law form. Furthermore, adopted by consensus, a declaration is of immediate effect on all UN member States, while a treaty must be ratified by States and can only be enforceable against those having ratified and only when they have done so. Ratification can take a long time, and it sometimes never actually takes place. A weakly ratified treaty can be counter-productive in relation to objectives of consolidation and of development of international environmental law. While it may not be very robust legally, as it is non-binding, a declaration can be politically far-reaching. As such, it can contribute to the revitalisation of the States' engagement in favour of the environment, and to giving new impetus to international cooperation. Even if *soft law* instruments are not, in theory, binding, they can have some form of legal value in practice: the care put into negotiating the content of such statements, and the fact that States sometimes accept the setting-up of a monitoring and compliance mechanism with regard to their application, are fairly reliable clues thereof." Maljean-Dubois, S.,

que, como ha dicho Fernández Egea, el resultado "no deja de ser [...] insatisfactorio. No obstante, parece que es a lo único que se puede aspirar habida cuenta de las reticencias estatales a ver afectados sus derechos soberanos, y ello, a pesar de que medio ambiente mundial reclame mayor consideración y contundencia en su protección"[326].

4. RESPUESTAS A LA CRISIS CLIMÁTICA EN EL ÁRTICO ¿ES POSIBLE UN TRATADO ÁRTICO?

Una pregunta recurrente cuando se plantea el régimen de protección medioambiental del Ártico es el porqué de la ausencia de un Tratado Ártico similar al que da origen el Tratado Antártico[327]. Como es sabido, el Tratado de Washington de

"Was the Global Pact for the Environment a good idea?", *Yearbook of international disaster law*, vol. 2(1), 2021, p. 18.

326 Fernández Egea, R.M., "Compromisos internacionales en materia de medio ambiente. El Pacto Mundial para el Medio Ambiente: una idea ambiciosa que no pudo ser", en García Álvarez, G. et al (coords.), *Observatorio de Políticas Ambientales*, CIEMAT, Madrid, 2020, p. 23.
Sobre los avances en las negociaciones, véase Pathway to the 2022 Declaration, disponible en https://www.pathway2022declaration.org/ consultado el 2 de noviembre de 2022.

327 Sands considera que la Estrategia de protección medioambiental del Ártico y la labor que el Consejo Ártico realiza de soft law deberían reforzarse con un Tratado Ártico: "The adoption of the Arctic Environmental Protection Strategy and the establishment of the Arctic Council provide a useful opportunity to develop new legal arrangements and institutions to govern and ecosystem which transcends national boundaries and requires international cooperation for its adequate protection to be assured. The soft law approach currently envisaged provides a first step; ultimately it will be necessary to establish appropriate institutional arrangements and substantive rules, perhaps similar to those applied in the Antarctic, to ensure

1959 consagra este espacio para fines exclusivamente pacíficos

---

that agreed obligations are respected and enforced". Sands, P., *Principles of Environmental Law,* Cambridge University Press, Cambridge, 2003, p. 731.

Movidos por el convencimiento de que los riesgos que afectan al ecosistema ártico son lo suficientemente críticos como para justificar un espacio de mediación similar al existente en la Antártida, las reflexiones sobre el tema se enriquecen con aportaciones como la realizada por foros de análisis y debate como es el caso de *Cercle Polaire* que tiene por finalidad "elaborar y promover una auténtica cultura científica de las zonas ártica y antártica, de contribuir a una mejor gobernanza de las regiones polares y de asegurar una gestión sostenible y responsable de estos entornos". Partiendo en el caso del Ártico de su singularidad como espacio habitado, "promueve el principio de un control y de una gestión internacional de los medios polares, ya mediante el fortalecimiento de los marcos normativos en vigor o por la puesta en práctica de nuevos." Entre las sugerencias incluidas en la propuesta a favor de un Tratado del Ártico, cabría destacar las que específicamente hacen referencia al establecimiento de un "régimen especial de control internacional". Esta propuesta debería gravitar sobre siete pilares esenciales:

- "Identificación del espacio sometido al régimen especial emanado del Tratado;
- Reglamentación aplicada a la exploración, prospección y explotación en el espacio gestionado por el régimen especial;
- Institucionalización del control y la gestión derivada del Tratado, contemplando, entre otras instancias, la existencia de una Comisión Ártica dotada de poder decisional;
- Autorización exclusiva de actividades pacíficas;
- Evaluación previa de los impactos provocados sobre el medio ambiente por las actividades de aprovechamiento del territorio;
- Aplicación general del régimen de la Zona Internacional de los Fondos Marinos y Oceánicos, de acuerdo con el artículo 197 de la CNUDM; y
- Garantía de la libertad de investigación científica y cooperación."

https://www.lecerclepolaire.com/fr/nos-actions/groupes-detudes/projet-de-traite-sur-larctique consultado el 2 de noviembre de 2022. Traducción propia.

(artículo I), se reconoce la libertad de investigación científica y la cooperación para lograrla (artículo II y III), y, para ello, los Estados con títulos de soberanía sobre el espacio antártico procedieron a su congelación durante la vigencia del Tratado (artículo IV). Así, junto con el Protocolo al Tratado sobre protección del medio ambiente (Protocolo de Madrid de 1991) y las convenciones para la conservación de las focas antárticas (Londres, 1988) y para la conservación de los recursos marinos vivos antárticos (Canberra, 1980) y las medidas adoptadas en el ámbito del tratado, se constituye el denominado *Sistema del Tratado Antártico*, que consagra la Antártida como un espacio de paz y ciencia, en el que uno de sus principales objetivos es la protección del medio ambiente antártico[328].

Por el contrario, el régimen jurídico aplicable al Ártico dista mucho de los objetivos del sistema antártico, a pesar de que organizaciones como el International Arctic Science Committee (en adelante, IASC), velen por la cooperación científica en el Ártico. Pero el Ártico no es un espacio consagrado a la ciencia, y menos aún a la paz, en tanto que los intereses geopolíticos están muy presentes en el Ártico y se hacen valer constantemente en diferentes foros internacionales[329]. Más allá del artículo 234 CNUDM, del *Acuerdo sobre la conservación de los osos polares*

---

328 Sobre los retos que se plantean en la Antártida en el contexto del Antropoceno, véase Stephens, T., "Governing Antarctica in the Anthropocene", en Leane, E., y McGee, J., *Anthropocene Antarctica. Perspectives from the Humanities, Law and Social Sciences*, Routledge, Londres, 2019, p. 17 y ss.

329 Prueba de ello es la actual situación de congelación del Consejo Ártico como consecuencia de la agresión rusa a Ucrania. Cuándo se reinstaurará plenamente la cooperación ártica es hoy una incógnita. Véase Koivurova, T., "The Arctic Council can continue without Russia", *Arctic Today*, March 10, 2022, disponible en https://www.arctictoday.com/the-arctic-council-can-continue-without-russia/ consultado el 2 de noviembre de 2022.

(Oslo, 1973), o del *Acuerdo Internacional para prevenir la pesca no regulada en Alta Mar en el océano Ártico central* (2017), no existen instrumentos convencionales que tengan por objeto preservar el Ártico o proteger el ecosistema ártico en su conjunto, con carácter integral[330]. Ello no ha impedido, no obstante, que el Ártico haya sido un espacio de cooperación incluso en momentos de enorme complejidad y tensión política, como la guerra fría, cuando en 1973 se celebró el *Acuerdo sobre la conservación de los osos polares*, paradigma de un acuerdo en el que son partes los Estados ribereños del Ártico y que tiene por objeto la protección de la biodiversidad específica del Ártico. Asimismo, desde el discurso de Murmansk a la Declaración de Ottawa, los Estados árticos consiguieron el establecimiento del Consejo Ártico, como el foro de referencia en la región.

Ahora bien, la posibilidad de promover un instrumento regional de protección medioambiental no parece posible, en principio, en tanto que la Declaración de Ilulissat, apoyada por los cinco Estados ribereños del Ártico descarta las posibilidades de elaboración de un régimen jurídico internacional específico al reconocer que el que provee el Derecho Internacional del Mar es suficiente[331]. Se considera, en suma, que, dejando

---

330 El recientemente adoptado Acuerdo en el marco de la Convención de las Naciones Unidas sobre el Derecho del Mar relativo a la conservación y el uso sostenible de la diversidad biológica marina de las zonas situadas fuera de la jurisdicción nacional, más conocido como Tratado Global de los Océanos (2023), establece una serie de medidas para garantizar la biodiversidad en los espacios situados más allá de los sometidos a la jurisdicción de los Estados. Si bien cuando entre en vigor podrá ser de aplicación en el Ártico, algunos Estados ribereños, como Canadá o Rusia, no son signatarios.

331 Así, afirman "we recall that an extensive international framework applies to Arctic Ocean as discussed between our representatives [...]. Notably, the law of the sea provides for important rights and obligations concerning the delineation of the outer limits of the continental shelf, the protection of the marine environment, in-

de lado la propuesta a favor del bien común de dimensión planetaria, los intereses particulares prevalecieron en la definición del régimen jurídico aplicable. De ahí existan reticencias surgidas frente a las dificultades para concretar un *régimen jurídico ártico* basado en las obligaciones de protección eficaz, concretas y determinantes, orientadas hacia la preservación del medio ambiente.

La observación de las iniciativas emprendidas en las primeras décadas del siglo XXI ayuda a entender hasta qué punto se muestra latente en el panorama del Derecho Internacional y de la geopolítica mundial una actitud de preocupación, alarma y sensibilidad hacia cuanto sucede en el espacio ártico. Y es que no hay que olvidar que esta época coincide con el incremento del interés geoestratégico de la región, que desborda ampliamente el ámbito geográfico de los Estados circumpolares y que expresivamente ha sido considerada como "la última frontera de la mundialización"[332].

La conveniencia de plantear la cuestión del Tratado Ártico ha ir indisolublemente unido, como reflexión y como debate, a la consideración del futuro de la región ártica a partir del conocimiento que de ella se tiene, de las tensiones que la afectan y de la dependencia que el planeta presenta respecto a la salvaguarda de sus equilibrios ecológicos y en el contexto de la geopolítica mundial y del Derecho Internacional. Pese a la

---

cluding ice-covered areas, freedom of navigation, marine scientific research, and other uses of the sea. We remain committed to this legal framework and to the orderly settlement of any possible overlapping claims". The Ilulisat Declaration, Arctic Ocean Conference, 28 May 2008.

332 Ortolland, D., "L'Arctique, dernière frontière de la mondialisation", Le Monde Diplomatique, 2009, disponible en https://www.monde-diplomatique.fr/publications/l_atlas_un_monde_a_l_envers/a53845 consultado el 2 de noviembre de 2022. Traducción propia.

importancia que se asigna a esta iniciativa, y que sin duda supondría el salto cualitativo que permitiera asegurar el nivel de preservación que el Ártico necesita, se trata aún de una mera hipótesis sobre la que resulta difícil asegurar sus expectativas de realización, lo que la sitúa más en el terreno de la utopía que en el de la posible concreción.

Si las analogías entre ambos sistemas polares son evidentes, en función esencialmente de la excepcionalidad de sus rasgos naturales, son bien patentes también las diferencias que los separan debido al desigual nivel de aprovechamiento económico a que se hallan sometidos, y que en el caso del Ártico ya ha sido objeto de análisis en este trabajo. Ello explica, pues, la culminación del Sistema del Tratado antártico y la situación de incertidumbre característica del Ártico. Aun así, se trata de un tema que en modo alguno carece de relevancia ni ha perdido actualidad a medida que los argumentos que se esgrimen a su favor, promovidos por expertos y espacios de reflexión preocupados por el Ártico, no han dejado de fortalecerse[333]. En este sentido, no está de más recordar lo señalado en Resolución del Parlamento Europeo de 9 de octubre de 2008 sobre "gobernanza en el Ártico", donde se habla de "the adoption of an

---

333 Elocuente es al respecto el argumento recogido por Berny: "el Ártico ya no es un campo reservado. La era de la seguridad confortable ha sido superada. Debemos construir un nuevo orden. Las organizaciones regionales como el Consejo Ártico deben ser complementadas por un nuevo Tratado como en la Antártida. Continuar con el marco existente no es sostenible. No hacer nada sería como dirigirse como un sonámbulo hacia el conflicto". Berny, L., "Climat: à quoi sert le Conseil de l'Arctique?", Recherches arctiques, actualités de la recherche scientifique, 21 Février, 2020, disponible en https://recherchespolaires.inist.fr/climat-a-quoi-sert-le-conseil-de-larctique/ consultado el 2 de noviembre de 2022. Traducción propia.

international treaty for the protection of the Arctic, having as its inspiration the Antarctic"[334].

Ahora bien, los avances producidos en la justificación de un Tratado para el Ártico se desenvuelven, como ya se ha señalado, más en el terreno de los buenos propósitos[335] que en el de la efectividad, en función de la postura renuente por parte de los Estados con mayor peso en la región. No son, en efecto, desconocidas las posiciones adoptadas por Canadá, Estados Unidos, Rusia, Noruega y Dinamarca en la línea de que la gobernanza del Ártico debe cimentarse en el marco legal vigente, "cooperando estrechamente entre sí y con otras partes interesadas, fortaleciendo esa cooperación en la confianza mutua y la transparencia", porque, en su opinión las reglas en vigor "brindan una base sólida para la gestión responsable por parte de los cinco Estados ribereños y otros usuarios de este Océano a través de la implementación y aplicación nacional de las disposiciones pertinentes", tal y como se prevé en la Declaración de Ilulisat.

Con todo, la situación del Ártico y en el Ártico ha cambiado en los últimos años. El Ártico ha dejado de ser considerado una periferia y se está convirtiendo en un polo de atracción internacional, tanto por lo que respecta a la lucha contra el cambio climático, como en relación con la extracción de hidrocarburos o la navegación internacional, y ello por no

334 https://www.europarl.europa.eu/doceo/document/TA-6-2008-0474_EN.html. Sin embargo, y pese a la defensa de esta iniciativa, se ha eliminado del sitio web del Servicio Europeo de Acción Exterior (SEAE) esta alusión ante la irritación que produjo a los Estados ribereños del Ártico. Véase https://www.robert-schuman.eu/fr/questions-d-europe/0614-nouveau-cap-de-l-union-europeenne-sur-l-arctique consultado el 2 de noviembre de 2022.

335 A tal efecto, véase Norchi, C.H., "An Arctic Treaty in an Age of Contagion?", *Journal of the North Atlantic and Arctic,* May 2020.

hablar del impulso geopolítico de la región, donde Rusia pretende reconfigurarse como un actor de relevancia global, y para el cual, Estados no árticos como China diseñan políticas *ad hoc.* Ello lleva a autores como Young a afirmar que esta situación da lugar a que el "Ártico esté sufriendo una bifurcación, o un cambio de estado que da lugar a lo que se describe como nuevo Ártico", lo que "tiene consecuencias para los residentes del Ártico, como para los actores externos que ven al Ártico desde una nueva perspectiva"[336]. Y ello tiene una consecuencia esencial y es que la gobernanza ártica se está fragmentando[337]. Esta fragmentación de la gobernanza, reproduce la fragmentación que existe a nivel internacional en relación con las instituciones y con los instrumentos jurídicos sobre protección del medio ambiente. Por ello, lejos de alcanzar un cada vez más improbable Tratado Ártico, nos hallamos en una situación de mayor fragmentación[338].

---

336 Young, O., "Is it Time for a Reset in Arctic Governance?", *Sustainability,* vol. 11, 2019, p. 5. Traducción propia.

337 Como ha dicho Young: "non-Arctic States [are encouraged to] look to avenues to pursue their Arctic interests that offer more scope for the fulfillment of their goals. These include the negotiation of bilateral agreements pertaining to matters of mutual interest (e.g., China's role in the development of the Yamal LNG project and the associated port of Sabetta in the Russian Arctic), participation in multilateral forums that are more welcoming than the Arctic Council (e.g., the annual Arctic Circle event held in Reykjavik), and engagement in intergovernmental agreements relating to Arctic issues not developed under the auspices of the Arctic Council (e.g., the Central Arctic Ocean fisheries agreement)." Id., p. 6.

338 Véase Young, O.R., "If an Arctic Ocean treaty is not the solution, what is the alternative?, *Polar Record,* vol. 47, nº4, 2011, p. 327 y ss., y Floistad, B., y Lothe, L., "The Possibility of an Arctic Treaty", *Arctic Knowledge Hub,* 2010, disponible en http://www.arctis-search.com/The+Possibility+of+an+Arctic+Treaty consultado el 2 de noviembre de 2022.

Y es que no podemos olvidar que en el Ártico, tanto los espacios terrestres como marinos, se encuentran sometidos a la soberanía y jurisdicción de los Estados árticos, por lo que las iniciativas en relación con la mejora de la gobernanza ártica deben pasar necesariamente por su voluntad. En este sentido, la consecución del Consejo Ártico y de la puesta en marcha de sus grupos de trabajo constituye, sin lugar a dudas, un triunfo de la cooperación en el área[339]. Asimismo, el esfuerzo por celebrar instrumentos convencionales en el marco del Consejo Ártico supone también un enorme logro, en tanto que refuerza la cooperación y el vínculo entre los Estados árticos[340]. Ahora bien, esta actividad convencional, más allá del acuerdo sobre cooperación científica, no establece mecanismos de protección medioambiental, sino que sienta las bases para la explotación económica del Ártico. Los Estados árticos han visto como buena parte de los intentos por promover un Tratado Ártico vienen más al sur de los 66° de latitud norte, y los ven con suspicacia[341].

339 Sobre el papel del Consejo Ártico véase Barry, T., Daviosdóttir, B., Eirnarsson, N., y Young O.R., "The Arctic Council: and agent of change?", *Global Environmental Change*, vol. 63, 2020, p. 2 y ss., y Kankaanpää, P., y Young, O.R., "The effectiveness of the Arctic Council", *Polar Research*, vol. 31 (1), 2012, p. 3 y ss.

340 Tres son los acuerdos celebrados en el marco del Consejo Ártico: el acuerdo de cooperación en materia de búsqueda y salvamento aeronáutico y marítimo en el Ártico (2011), el acuerdo sobre cooperación en la preparación y respuesta a la contaminación marina por hidrocarburos en el Ártico (2013), y el acuerdo para mejorar la cooperación científica internacional en el Ártico (2017). Véase Loukacheva, N., "The Arctic Council and Law-Making", *The Northern Review*, n° 50, 2020.

341 Sobre las diferentes propuestas, véase Koivurova, T., "Alternatives for an Arctic Treaty- Evaluation and a New Proposal", *Review of European Community and International Environmental Law*, vol. 17, n°1, 2008, p. 16; y Rahbek-Clemmensen, J., "When Do Ideas of and Arc-

Desde mi punto de vista, un Tratado Ártico no es viable en nuestros días -y no creo que nunca lo haya sido-. Las diferencias entre el Ártico y la Antártida dificultan enormemente esta posibilidad, y, además, el Ártico se enfrenta a una importante fragmentación, tanto sustantiva como formal, en relación con las normas que regulan diferentes aspectos de su protección medioambiental, dando lugar a un complejo panorama. Pero es que, también, tras haber visto *supra* las nuevas tendencias que el Antropoceno ha hecho surgir en relación con las normas de Derecho Internacional, probablemente un Tratado Ártico sea insuficiente para afrontar la crisis climática del Ártico. Para proteger el Ártico es necesario proteger el planeta, dado que los efectos del cambio climático en el mundo aceleran la crisis en el Ártico, que, a su vez, agrava la existente en otras regiones del mundo[342]. De ahí, la interesante propuesta que realizan Kotzé y otros acerca del *Derecho del sistema terrestre*, que, a través de un nuevo enfoque holístico, sea capaz de afrontar la gobernanza y el derecho del sistema terrestre, de comprender las interacciones entre los componentes y los seres y los desafíos de gobernanza[343]. Esta enorme tarea no parece menos utópica que la de conseguir un Tratado Ártico, pero probablemente estemos ante el mayor reto del Derecho Internacional

---

tic Treaty Become Prominent in Arctic Governance Debates?", *Arctic*, vol. 72, nº 2, 2019, p. 116 y ss.

342 En este sentido, puede ser de interés la Comunicación de la UE sobre el Ártico, que apuesta por "pushing for oil, coal and gas to stay in the ground [...] in Arctic regions", Joint Communication to the European Parliament, the Council, the European Economic and Social Committee and the Committee of the Regions, A stronger EU engagement for a peaceful, sustainable and prosperous Arctic, JOIN (2021) 27 final, p. 2

343 Kotzé L.J., Kim, R.E., Blanchard, C., Gellers, J.C., Holley, C., Petersmann, M., Van Asselt, H., Biermann, F., y Hurbelt, M., "Earth System Law: Exploring new frontiers in legal science", *Earth System Governance*, vol. 11, 2022, p. 2.

desde la segunda guerra mundial, cuando un nuevo orden internacional se erigió sobre las cenizas de la guerra. Tal vez es tiempo de que una nueva arquitectura internacional se cree para poder seguir viviendo en el planeta.

A modo de reflexión final... y de preocupación por la situación geopolítica del Ártico

Estamos viviendo momentos complicados en el planeta consecuencia de la extraordinaria crisis climática a la que nos enfrentamos. Si bien formalmente la Comisión estratigráfica internacional no lo ha aprobado, parece que nos adentramos en una nueva era geológica caracterizada por los efectos que las personas han generado en el planeta denominada Antropoceno, caracterizada por una enorme inestabilidad. Dentro de los efectos generados por el Antropoceno destaca el deterioro medioambiental en el que nos encontramos. Desde la Comunidad Internacional se está intentando dar respuestas a esta crisis, pero muchas son fallidas o no lo suficientemente ambiciosas para lograr revertir la situación crítica en la que nos hallamos. Y es que el Derecho Internacional no puede permanecer pasivo ante esta nueva realidad.

Con la autoridad que le caracteriza Delmas-Marty planteó en 2019 la necesidad de "repensar el derecho en la era del Antropoceno". Se trata de una propuesta muy digna de tener en cuenta como argumento susceptible de reflexión y debate, lo que justifica la atención otorgada al tema en este trabajo. En esencia, la autora sugiere someter a revisión "un derecho internacional tradicionalmente construido sobre la soberanía de los Estados", lo que en cierto modo obliga a plantear hasta qué punto esta visión resulta compatible con una estructuración del mundo caracterizada por la multiplicidad de sus relaciones e interdependencias que rebasan los límites establecidos por las fronteras, que aparecen superadas por la propia lógica introducida por el crecimiento económico y los intercambios a gran escala ligados a la explotación intensiva y espacialmente generalizada de los recursos naturales. Todo ello ha acabado configurando lo que pudiera ser entendido como una perspectiva planetaria acerca de los problemas, de los riesgos y de las transformaciones, que fundamentan la emergencia de una "razón ecológica" que, apoyada en una "razón tecnocientífica" induce a "limitar la razón de Estado con el fin de salvaguardar la seguridad del planeta"[344]. Y es que el panorama se caracteriza por la concurrencia de "racionalizaciones" que entran en conflicto al analizar las tendencias que definen las lógicas de alteración sistémica que afectan a la región ártica.

En el Ártico, región que sufre más que ninguna otra los efectos del cambio climático, tanto desde el Consejo Ártico como por parte de los Estados árticos, se ha abrazado el desarrollo sostenible como paradigma relacional útil para proteger el medio ambiente. Ahora bien, ni en el Ártico ni en el resto del planeta parece que la sostenibilidad sea capaz de afrontar los retos a los que nos enfrenta el Antropoceno. En este sentido, resulta esencial lograr la resiliencia de los ecosistemas y superar los problemas de diagnóstico de la Agenda 2030, preservando la integridad de los sistemas terrestres. Pero el cómo lograrlo no parece tarea sencilla. El constitucionalismo global

---

344 Es lo que expresivamente Delmas-Marty denomina la «paradoja del Antropoceno», que caracteriza al momento en el que "cuando la Humanidad aparece como una fuerza telúrica capaz de condicionar el futuro del planeta, ella se muestra incapaz para influir en su propio futuro". Definida como la era de la "gran aceleración, quedaría, en su opinión, poco tiempo para evitar lo que entiende que puede llegar a ser el gran hundimiento del planeta", Nada o casi nada, insiste con visión premonitoria, parece cambiar en la visión nacionalista o soberanista que subyace en los sistemas de Derecho concebidos y pensados a partir de los Estados. Delmas-Marty, M., "Repenser le droit à l´heure de l´Anthropocène", *op. cit.* Traducción propia.

o la consecución de instrumentos convencionales de alcance global que protejan el medio ambiente y los sistemas terrestres son propuestas tanto o más utópicas que el tantas veces deseado Tratado Ártico. No obstante, creo que la única vía es ésta: normativizar la preservación, teniendo en cuenta las sinergias y las implicaciones del sistema terrestre, superando la visión antropocéntrica y fragmentada del marco jurídico actual. No estamos ante una tarea sencilla, pero el problema es que nos va la vida en ello. Ojalá estemos a la altura.

Finalmente, considero oportuno realizar una reflexión acerca de las tensiones que actualmente tienen lugar en la región[345]. La invasión rusa de Ucrania ha marcado de manera nítida el comienzo de una nueva etapa en la ordenación geopolítica y estratégica del Ártico, cuyas implicaciones han de tener efectos decisivos a nivel mundial. Desde el mismo estallido del conflicto bélico una vigorosa corriente de análisis e interpretación del problema ha hecho acto de presencia en el panorama de reflexión multidisciplinar, abriendo camino a una línea de investigación de gran significado, que no hace sino poner en evidencia la atención y el interés que el tema suscita [346]. A la vista de los procesos desencadenados como consecuencia de

---

345 Sobre esta cuestión, véase Conde Pérez, E., "La política ártica de la Unión Europea en perspectiva geopolítica: de la cooperación pacífica a las rupturas árticas (2017-2022)", *op. cit.*

346 A modo de ejemplo cabría mencionar la iniciativa desplegada por el Instituto Polar del Centro Wilson y el Instituto Noruego de Asuntos Internacionales (NUPI) que, a partir del 14 de marzo de 2022, recién comenzada la guerra, organizaron unas jornadas sobre cómo la invasión rusa de Ucrania afectaría los asuntos del Ártico. Ver *Ukraine and the Arctic: Perspectives, Impacts, and Implications.* Wilson Center. https://www.wilsoncenter.org/event/ukraine-and-arctic-perspectives-impacts-and-implications, consultado el 2 de noviembre de 2022.

Y, desde la perspectiva estratégica conviene subrayar el reconocimiento generalizado que la presencia en el Ártico otorga para ejer-

este hecho –entre otros, el inicio del proceso de adhesión a la OTAN de Suecia y Finlandia [347]- y en virtud de la trascendencia adquirida por los impactos del cambio climático en la zona polar septentrional[348], parece oportuno afirmar que nos encontramos ante uno de los grandes retos para Derecho Internacional en nuestros días. De ahí la inclusión de un apartado específico sobre la cuestión dentro de este trabajo, en el que se trata de analizar las principales coordenadas en que se inscribe la situación del Ártico en la tercera década del siglo XXI, cuando tiene lugar el hecho que motiva una modificación sustancial en los equilibrios previamente establecidos.

---

cer el control sobre tres continentes, dos océanos y las principales potencias del Hemisferio boreal.

347 Así se ha afirmado que "hasta el desencadenamiento de la guerra en Ucrania, el Báltico y el Ártico eran zonas de interés relativamente secundario para la mayor parte de los Estados occidentales. Pero, a medida que la onda de choque del conflicto se amplía, el Gran Norte – del que Rusia es uno de los principales Estados ribereños- adquiera cada vez más la figura de una región de posible desbordamiento. En particular, desde el comienzo del proceso de adhesión a la OTAN de Finlandia y Suecia, a finales de junio". Vincent, E., « Baltique et Arctique, des zones maritimes « volatiles » sous surveillance », *Le Monde,* 18 août 2022. Traducción propia.

348 Es pertinente llamar la atención sobre el interesante informe publicado cuatro días después del comienzo de la invasión por el IPCC C*limate Change 2022: Impacts, Adaptation and Vulnerability,* disponible en https://www.ipcc.ch/report/ar6/wg2/ consultado el 2 de noviembre de 2022.

El informe plantea hasta qué punto este conflicto puede ofrecer las manifestaciones de una guerra planetaria, señalando la existencia de un riesgo global, cuyos impactos pudieran llegar a ser irreversibles, en función de la dimensión alcanzada por lo que Latour identifica como "la guerra del clima". Ver Latour, B., "Quelles entre-deux-guerres?" *Analyse, Critique, Opinion,* 3 de mars de 2022, disponible en https://aoc.media/opinion/2022/03/02/quelles-entre-deux-guerres/ consultado el 2 de noviembre de 2022.

Como primer efecto destacable, y dada su especial resonancia, se ratifica la idea de que la agresión coincide–simultáneamente con el interés adquirido por la relevancia económica y estratégica de la región ártica–con la reafirmación de la política de Rusia a favor de un fortalecimiento de sus posiciones en el Ártico, mediante una estrecha integración de la dimensión económica y la militar. Tales son los objetivos explícitamente resaltados por Vladimir Putin, con motivo de la Jornada de la Flota Rusa, celebrada en San Petersburgo el 19 de junio de 2022, ya iniciada la guerra, cuando manifestó su voluntad de incrementar la exploración y la conquista del Ártico mediante la intensificación del aprovechamiento de sus recursos naturales con el propósito de "asegurar su estabilidad estratégica en la zona" al compás de la relevancia otorgada a las flotas del Norte y del Pacífico. A partir de este planteamiento Rusia ha dejado bien claro su propósito de "desarrollar plenamente la Ruta del Norte" con el fin de hacer de ella una "vía de seguridad y competitividad" que permanezca abierta y viable todo el año.

Con la declaración de San Petersburgo, justificada en función del contexto internacional desencadenado por la guerra de Ucrania, quedan drásticamente trastocados los principios sustentadores en los que se había cimentado la política de cooperación en el Ártico, tal y como habían sido claramente expresados por Gorbachov en Murmansk el 1 de octubre de 1987, al señalar " que el norte del planeta, el Ártico, se convierta en una zona de paz" para insistir en la idea de que "el Polo Norte sea el polo de la paz". Tal será la razón motivadora de la llamada "excepción ártica", según la cual el Ártico habría de ser un área en que las perturbaciones exteriores no pondrían en peligro la cooperación entre los Estados ribereños. En este sentido, y como ya he destacado en este trabajo, la creación en 1996 del Consejo del Ártico marca un hito decisivo en la defensa y preservación de uno de los espacios más sensibles ecológicamente de la Tierra, lo que convierte a este foro intergubernamental en una pieza clave para el equilibrio ambiental del planeta en la medida en que su finalidad esencial consiste en "promover los aspectos ambientales, económicos y sociales para el desarrollo sostenible de la región", por lo que las cuestiones militares permanecen al margen de sus objetivos.

Si a raíz de la anexión de Crimea por parte de Rusia–que, en opinión de Vidal ha supuesto "una primera ruptura en la evolución diplomática y de seguridad de la región"[349]- no se alteró el funcionamiento de las líneas de cooperación previamente establecidas, la guerra de Ucrania ha dado lugar a una ruptura en los equilibrios configurados al norte del paralelo 66º. La firma en el mes de marzo de 2022 de una Declaración conjunta de condena de la invasión de Ucrania, evidenciaba "los graves obstáculos a la cooperación internacional, incluso en el Ártico, que las acciones de Rusia han causado" [350]. Por vez primera desde su creación el Consejo decide suspender sus actividades, aunque el 8 de junio acuerda reanudarlas, si bien de manera limitada "en el marco de los proyectos que no impliquen la participación de la Federación Rusa". De la misma postura participan otros organismos de cooperación internacional como el Consejo Euro-ártico del mar de Barents o el Consejo Nórdico. A este respecto es interesante destacar que la guerra de Ucrania no solo ha dado origen a una división entre Estados sino también entre pueblos. Ejemplo de ello lo ofrece lo sucedido en el Consejo de la comunidad sami, en el que se ha producido una escisión entre los

---

349 Entrevista a F. Vidal, declaraciones disponibles en https://www.ifri.org/fr/espace-media/lifri-medias/guerre-ukraine-bouleverse-cooperation-arctique consultado el 2 de noviembre de 2022.

350 *Joint Statement on Arctic Council Cooperation Following Russia's Invasion of Ukraine.* https://www.state.gov/joint-statement-on-arctic-council-cooperation-following-russias-invasion-of-ukraine/ consultado el 2 de noviembre de 2022.

pueblos autóctonos sami de Noruega, Suecia y Finlandia y los sami rusos de la provincia de Kola [351].

Este conjunto de hechos, concatenados en una crisis de resultados aún imprevisibles, permite llegar a la conclusión de que estamos asistiendo al fin de la "excepción ártica", con todas las implicaciones que ello pueda traer consigo" [352]. De ahí la importancia y el interés del debate que en este problemático e incierto contexto ha surgido en torno al argumento de si es posible mantener la gobernanza internacional del Ártico sin la implicación de Rusia, llegando incluso a la afirmación de que sin la potencia que posee el 53 % del litoral ártico esa cooperación carece de sentido, con el agravante de que se trata del área más vulnerable del mundo al cambio climático.

El escenario crítico que estas perspectivas ofrecen representa una profunda alteración de los fines e instrumentos que motivaron la cooperación en el seno del Consejo Ártico, precisamente centrados en el tratamiento de todas las cuestiones relativas al control y la minoración del cambio climático. El hecho de que su aplicación se haya visto interrumpida por la guerra no ha impedido, sin embargo, el despliegue de las posturas defensoras de su preservación pese a las advertencias propaladas por Rusia que, ante la demanda de adhesión de Suecia y Finlandia en la OTAN, quiso dejar constancia de que los cambios político-militares que ello ocasionaba debía tener

351 Fontaine, M., «Quand la guerre en Ukraine bouleverse la coopération en Arctique», *GEO*, 20 june 2022, disponible en https://www.geo.fr/geopolitique/quand-la-guerre-en-ukraine-bouleverse-la-cooperation-en-arctique-210465#:~:text=Depuis%20des%20d%C3%A9cennies%2C%20l'Arctique,%22d'exception%20arctique%22. Consultado el 2 de noviembre de 2022.

352 Lozier, J.L., *Arctique: vers la fin de l'exception ? Enjux stratégiques, nuclèaires et maritimes.* Paris, Institut des relations Internationales. 2022, disponible en https://www.ifri.org/sites/default/files/atoms/files/lozier_arctique_2022.pdf consultado el 2 de noviembre de 2022.

por su parte una respuesta mediante “ajustes en el desarrollo de la cooperación en altas latitudes”[353]. Y es que, abundando en esta misma idea, se insiste en el hecho de que, tras este ingreso, todos los Estados miembros del Consejo Ártico, salvo Rusia, que mantiene ya en la zona una fuerte presencia militar a través de la Flota del Norte[354], participarán de la OTAN, de modo que el territorio ártico estará integrado en la estructura de seguridad vertebrada en torno a la Alianza Atlántica, lo que ha llevado a la idea de que, en el contexto que estamos analizando, tiende a producirse una militarización de facto del espacio polar septentrional[355].

Dentro de estas coordenadas de acción y control militar – y teniendo además en cuenta que el Ártico es un espacio de contacto directo entre Rusia y Estados Unidos– no hay que omitir

---

353 Fontaine, M., « Quand la guerre en Ukraine bouleverse la coopération en Arctique», *op. cit.* Traducción propia.

354 Elemento esencial de la estrategia ártica rusa la poderosa Flota del Norte está compuesta por submarinos nucleares, acorazados, rompehielos y plataformas de desembarque, con una fuerte presencia en la Peninsula de Kola, próxima a Finlandia.

355 Tendencia que ya en 2015 había sido apuntada por McDonald, A., “The Militarization of the Arctic: Emerging Reality, Exaggeration, and Distraction”, *Canadian Military Journal*, vol. 15, nº3, 2015, p. 18 y ss.

Aunque pueda parecer alarmista, no está de más traer a colación algunas reflexiones que alertan sobre los riegos de este elevado nivel de militarización en la zona, como expone Meadway. Véase Meadway, J., “La prochaine guerre mondiale aura-t-elle lieu en Arctique”, *Le Vent se Lève,* 5 May, 2022.

Sin embargo, está hipótesis está cuestionada con argumentos como los esgrimidos por Vidal, para quien “por razones geográficas y demográficas, el Ártico sigue siendo aún un espacio marginal. Es difícil imaginar que una guerra se desencadenase o que la región sea el detonante”. Ver declaraciones de Vidal en https://www.ifri.org/fr/espace-media/lifri-medias/guerre-ukraine-bouleverse-cooperation-arctique consultado el 2 de noviembre de 2022.

el hecho de que, a la vez que Rusia fortalece su presencia y sus acciones en este sentido, son igualmente ostensibles las posiciones que Estados Unidos está adoptando, que, poco antes de la guerra, ya se habían plasmado en la adopción y puesta en práctica por parte del Ejército de la estrategia *Regaining Arctic Dominance*, formulada y dada a conocer en enero de 2021[356]. Los objetivos, reflejados en el Preámbulo, son bien elocuentes: "el Ártico – señala–es simultáneamente una arena de competencia, una línea de ataque en conflicto, un área vital que contiene muchos de los recursos naturales de nuestra nación, y una plataforma para la proyección de poder global. El Ejército está comprometido a defender nuestros intereses árticos"[357].

Debido a las alteraciones que impone la agresión rusa sobre Ucrania, es evidente que se ha producido una ruptura sustancial, con importantes repercusiones ulteriores, en la concepción internacional del Ártico al pasar de ser considerado como

---

356 La postura estadounidense se fundamenta en la necesidad de afrontar los desafíos y las necesidades derivados de la disminución de la capa helada, «que suprimirá las defensas naturales de los Estados árticos y traerá consigo la apertura de nuevas rutas con el riesgo de convertirse en un tema de discordia para el control de vías marítimas de importancia decisiva". Fontaine, M., « Quand la guerre en Ukraine bouleverse la coopération en Arctique », *op. cit.* Traducción propia.

357 Es un propósito coherente con la afirmación de que "en consecuencia, el Ejército desplegará una división habilitada para la Fuerza de Tarea Multidominio y ajustará nuestra brigada con sede en Alaska equipos de combate para recuperar el dominio ártico del Ejército de los Estados Unidos. Esta capacidad rejuvenecida del Ártico aumentará la capacidad del Ejército para operar en un clima frío extremo, ambientes montañosos y de gran altitud". Ver *United States Army: Regainnig Arctic Doominance. The US Army in the Arctic Headquarters.* Department of the Army. 19 january 2021. Traducción propia. https://www.army.mil/e2/downloads/rv7/about/2021_army_arctic_strategy.pdf consultado el 2 de noviembre de 2022.

un espacio de cooperación a ser definido como un espacio proclive al desencadenamiento de situaciones de conflicto, tendentes a agravar la fragilidad de sus ecosistemas. Aunque, dada la condición de Rusia como potencia dominante, no cabe duda de que el futuro a corto y medio plazo va a depender de la evolución de la guerra y de las tendencias y tensiones a que se vea sujeta la política rusa. Así, el panorama observado induce a centrar la atención en la perspectiva de que por parte de los diferentes actores con presencia e intereses en la región se tiene acerca de cómo abordar el tratamiento de este territorio, teniendo en cuenta su relevancia tanto económica como ambiental.

Entiendo que ello resulta pertinente habida cuenta de la confluencia de intereses en la región, entre los cuales es posible percibir una dicotomía entre aprovechamiento y protección. Sobre la gestión de este difícil equilibrio descansa, en mi opinión, el futuro del Ártico. Este análisis, que centra la atención en el momento cronológico coincidente con la crisis bélica, pone en evidencia los contrastes existentes entre las diferentes posiciones mientras revela el importante entramado de relaciones configurado en las etapas previas al momento histórico que estamos analizando. Sin pretender un análisis exhaustivo trataré de plantear un tratamiento sistematizado de los aspectos esenciales que concurren en una etapa tan crucial como la presente.

En primer lugar, y por lo que respecta a Rusia, a la que corresponde por su magnitud territorial la posición geográfica más relevante de la zona, la línea auspiciada por el Kremlin aparece claramente decantada a favor de la acentuación de los programas de aprovechamiento en la región, toda vez que sus intervenciones en el Ártico constituyen una prioridad, más allá de los impactos que ello pueda ocasionar, ante la posibilidad de que los elevados costos de extracción y explotación – y sin entrar a valorar la gravedad de sus impactos ambientales–se vean reducidos gracias al deshielo y a los avances tecnológicos aplicados a la navegación en áreas polares, que tienden a facilitar una reducción sensible de las distancias[358]. Al amparo de su fortaleza geográfica, la política de Moscú otorga una clara prevalencia a la defensa de sus intereses específicos, relegando a un segundo plano–o, en todo caso, no otorgando a la cuestión la importancia debida–a la voluntad de cooperación internacional y a la toma en consideración de los problemas medioambientales, aunque es cierto, sin embargo, que las medidas coercitivas occidentales, impuestas a raíz de la guerra, plantean aún algunas incógnitas sobre el desarrollo de los programas rusos de extracción de recursos naturales y la utilización efectiva de la ruta del Norte.

Simultáneamente en este contexto ha adquirido creciente significado en todos los órdenes, y en muy poco tiempo, la decisión de la República Popular China de afianzar su presencia en todo cuanto concierne al espacio ártico. Las directrices planteadas en esta dirección se reflejan con claridad ya a comienzos del siglo XXI, para alcanzar una proyección más contundente en la segunda década como señala Brady, en la constatación de que China persigue convertirse en un *Polar Great Power*, concibiendo el Ártico como una vertiente esencial de su estrategia marítima[359]. En coherencia con este objetivo su manifestación a escala internacional queda fielmente respaldada con su admisión como país observador en el Consejo

---

358 Las rutas abiertas o susceptibles de utilización como consecuencia de la fusión de los hielos ha favorecido sensiblemente a Rusia. Más de diez millones de toneladas fueron transportadas por ellas en 2017, lo que ha supuesto una extraordinaria ventaja económica para el país. Coincidiendo con este auge, el gobierno ruso ha llevado a cabo la instalación de la Escuela Naval Nakhimov en Murmansk, uno de los pocos puertos de agua profundas libre de hielo durante todo el año.

359 Brady, A-M., *China as a Polar Great Power*, Cambridge, Cambridge University Press, 2017.

Ártico en 2013, en la puesta en marcha del *International Arctic Forum*[360] y en el discurso pronunciado por el presidente chino en Ginebra el 18 de enero de 2017, en el que reafirma que "los polos son una nueva frontera para la cooperación entre naciones, a semejanza de lo que sucede con el fondo de los océanos, el espacio y el ciberespacio"[361].

Sobre esta base, y compatibilizándola con una política muy activa de relaciones internacionales con los países implicados en la región, descansa la publicación, un año después, del *Libro Blanco sobre el Ártico,* que expresamente contempla la identificación de China como un *Near Arctic State,* justificado en función de unos argumentos que no pretenden réplica alguna[362]. No

---

360 Su finalidad parece obvia: "Russian-Chinese relations are marked by trusting and friendly ties, high development dynamics, and an extensive organizational structure. The leaders of our countries, President Vladimir Putin and President of the People's Republic of China Xi Jinping, have tasked us with realizing joint investment potential. We are interested in strengthening trade and economic cooperation and in implementing joint investment projects"- Vid International *Arctic Forum Discusses Developing Cooperation Between Russia and China.* https://forumarctica.ru/en/news/international-arctic-forum-discusses-developing-cooperation-between-russia-and-china/ consultado el 2 de noviembre de 2022.

361 World Economic Forum, Governing the new frontiers- China's perspective's, March 21, 2019, Traducción propia, disponible en https://www.weforum.org/agenda/2018/03/governing-the-new-frontiers-china-s-perspective/ consultado el 2 de noviembre de 2022.

362 La afirmación merece ser señalada: "China is an important stakeholder in Arctic affairs. Geographically, China is a "Near-Arctic State", one of the continental States that are closest to the Arctic Circle. The natural conditions of the Arctic and their changes have a direct impact on China's climate system and ecological environment, and, in turn, on its economic interests in agriculture, forestry, fishery, marine industry and other sectors". Vid. *China's Artic Policy, The State Council Information Office of the People's Republic of China.* January 2018.

sorprende dentro de esa línea la decidida aproximación con Rusia y sus intereses, tal y como se refleja en la *Declaración conjunta suscrita el 4 de febrero de 2022*, veinte días antes del inicio de la agresión contra Ucrania, por los presidentes de China y la Federación Rusa con motivo de la ceremonia de apertura de los Juegos Olímpicos de Invierno[363].

Entre tanto, la posición de Estados Unidos, que tradicionalmente había manifestado cierto desinterés por la región, pese a ser Estado ribereño desde 1867, comienza a manifestar desde 2018 una actitud reactiva frente a la intensificación de la presencia rusa y la modernización militar que la acompaña. La iniciativa del presidente Donald Trump en 2019 a favor de adquirir a Dinamarca la isla de Groenlandia, a pesar de que, como era previsible, no llegase a culminar, es una prueba fehaciente de ello. No es casual que ese mismo año el Departamento de Defensa haya identificado a Estados Unidos como una *Arctic Nation*, estratégicamente situada en conexión con las grandes rutas marinas[364] y publicase su *Arctic Strategy*[365] presentada al

---

https://english.www.gov.cn/archive/white_paper/2018/01/26/content_281476026660336.htm consultado el 2 de noviembre de 2022.

363 *Joint Statement of the Russian Federation and the People's Republic of China on the International Relations Entering a New Era and the Global Sustainable Development*, 4 February 2022, http://en.kremlin.ru/supplement/5770 consultado el 2 de noviembre de 2022.

364 Expresivamente la Estrategia señala la importancia que para Estados Unidos tienen los "approaches to the Arctic Ocean to both the east and west of the United States form strategic corridors for maritime traffic. Arctic sea routes transit through the Bering Strait between the United States and Russia, while the Greenland, Iceland, United Kingdom – Norwegian (GIUK-N) gap is a strategic corridor for naval operations between the Arctic and the North Atlantic".

365 *Report to Congress: Department of Defense Arctic Strategy*, Office of the Under Secretary of Defense for Policy, juin 2019. https://media.

Congreso de Estados Unidos, en la que define las principales premisas de la política estadounidense para la región.

Partiendo de la necesidad de que sea una región "estable y segura", persigue al propio tiempo la defensa de los intereses del país, que, en esencia, y dejando constancia de la voluntad de cooperar en la defensa de objetivos comunes, se identifican como el eje primordial de una estrategia de competición frente a Rusia y China, cuyo acercamiento contempla con preocupación. Elocuente prueba de ello, y como ya he señalado, la ofrece la iniciativa del Ejército de promover en enero de 2021 la estrategia *Regaining Arctic Dominance,* que, asumiendo los planteamientos de la *Arctic Strategy,* abunda sistemáticamente en el hecho de que "el Ártico es un corredor potencial para la competición de estrategias". A partir de esta situación,es posible precisar el alcance que ha tenido la elaboración en muy poco tiempo de las grandes líneas maestras que encauzan la acción de Estados Unidos en la zona. En esencia, se resumen en tres grandes ejes, tal y como aparecen sistematizados en el trabajo de Lozier: de un lado, el fortalecimiento de la capacidad de análisis de la situación geoestratégica, con especial atención al desarrollo de las innovaciones en los campos de la navegación aeroespacial, marítima y submarina; de otro, el incremento de una presencia activa mediante operaciones específicamente centradas en la región; y, finalmente, el apoyo al Derecho Internacional[366].

La relevante posición ostentada por Rusia, China y Estados Unidos no impide poner de manifiesto a la par la que corresponde a otros Estados y actores que también participan de los caracteres espaciales del ámbito ártico. Llamativamente los inicios de la tercera década del siglo XXI, y a medida que estos

---

defense.gov/2019/Jun/06/2002141657/-1/-1/1/2019-DOD-ARCTIC-STRATEGY.PDF consultado el 2 de noviembre de 2022.

[366] Lozier, J.L., *Arctique: vers la fin de l'exception ?, op. cit.,* p. 18

países asumen coordinadamente la necesidad de contrarrestar las ambiciones rusas, coinciden con la promulgación por parte de Canadá[367], Noruega, Finlandia, Suecia, Dinamarca–entre los años 2019 y 2021–de sus respectivas pautas de actuación política relacionadas con el espacio ártico inserto en su ámbito geográfico, poniendo de manifiesto en todos los casos el interés y la preocupación que la zona suscita en diferentes aspectos (económicos, sociales, ambientales y estratégicos), reconociendo que no habían sido merecedores de la atención debida, lo que obliga a reafirmar el alcance de sus responsabilidades en un espacio tan sensible y tan ligado a sus intereses[368].

---

367 Especial relevancia hay que conceder al *Cadre stratégique pour l'Arctique et le Nord du Canada,* elaborado en 2019 con el fin *de* «guider les investissements et les activités du gouvernement fédéral dans la région jusqu'en 2030. La mise en œuvre du Cadre stratégique pour l'Arctique et le Nord nécessitera des approches concertées». Disponible en https://www.rcaanc-cirnac.gc.ca/fra/1560523306861/1560523330587 consultado el 2 de noviembre de 2022.

368 A modo de ejemplo representativo de esta orientación generalizada podría traerse a colación la referencia al *The Norwegian Government's Arctic Policy. People, opportunities and Norwegian interests in the Arctic,* donde se señala que "Norway's Arctic policy revolves around security, stability and interest-based international cooperation. For us, foreign and domestic policy converge in the Arctic.Norway's Arctic policy is based on a long tradition of safeguarding Norway's interests in the north through broad-based international cooperation. The Arctic will continue to be Norway's most important area of strategic responsibility. The Government will maintain its engagement in broad-based, proactive international cooperation in the north and in global arenas where the Arctic is discussed. This includes facilitating cross-border local and regional cooperation in the north". Disponible en https://www.regjeringen.no/globalassets/departementene/ud/vedlegg/nord/arctic_strategy.pdf consultado el 2 de noviembre de 2022.

Es una tendencia a la que al propio tiempo se incorporan países distantes geográficamente de la región como es el caso del Reino Unido, que esgrime su condición de Estado observador del Consejo Ártico para reafirmar la importancia de su proximidad a las áreas polares con la finalidad de "reforzar la cooperación y contener las tensiones" que pudieran afectar a la región. Gran Bretaña entiende que dicho objetivo ha de ir asociado al despliegue de una estrategia específica para el Gran Norte[369], consistente en el aumento de las fuerzas armadas presentes en la zona. Por su parte, Francia se decanta hacia una orientación similar[370], al ratificar su visión de la zona "como teatro de cooperación pacífica", que entiende ligada a la defensa de la seguridad de sus aprovisionamientos energéticos, a la participación regular en operaciones militares conjuntas y al despliegue de una infraestructura científica, concebida al servicio de la investigación sobre las cuestiones que tengan que ver con las modificaciones ambientales percibidas en el Ártico y necesitadas de un enfoque prospectiva que haga posible un conocimiento a fondo de los riesgos y la amenazas que lo afectan[371]. Y ha de ser también la preocupación científica la que explique los avances realizados en España en pro de una

369 Expresivamente el Ministerio de Defensa británico dio a conocer el documento *The UK's Defence Contribution in the High North,* el 29 de marzo de 2022, un mes después del estallido de la guerra, disponible en https://www.gov.uk/government/publications/the-uks-defence-contribution-in-the-high-north/the-uks-defence-contribution-in-the-high-north consultado el 2 de noviembre de 2022.

370 *La France et les nouveaux enjeux stratégiques en Arctique.* Direction générale des relations internationales et de la stratégie (DGRIS), novembre 2019. Disponible en https://documentation.outre-mer.gouv.fr/Record.htm?idlist=2&record=19141643124919698259 consultado el 2 de noviembre de 2022.

371 Vullierme, M., «Evolution de la stratégie française en Arctique, entre reajustement global et continuité stratégique», *Les Champs de Mars.* 2018- 1, pp. 167-177.

mayor sensibilización y aproximación a la problemática del Ártico. Miembro observador del Consejo Ártico desde 2006, la creación en 1998 del Comité Polar Español, concebido para la coordinación y el desarrollo de las actividades científicas relacionadas con los espacios polares, experimenta una notable reactivación con las atribuciones asignadas en la nueva normativa aprobada en septiembre de 2020[372], lo que explica la voluntad de armonizar la política española con las inquietudes y directrices que internacionalmente señalan la relevancia otorgada por el Gobierno español al Ártico en esta etapa, preservando la vinculación del Comité Polar con los objetivos inherentes a la política científica.

Y con el fin de completar este panorama relativo a los nuevos enfoques aplicados a un espacio que no ha cesado de incrementar su interés global, cabría aludir, por último, a los planteamientos que simultáneamente inspiran las actuaciones de la Unión Europea[373]. Explícitamente marcada esta intencionalidad en la comunicación sobre *Una política integrada de la Unión Europea para el Ártico*, adoptada en abril de 2016[374], las experiencias adquiridas sobre la evolución de la zona en el contexto internacional, la voluntad de adquirir una presencia

---

372 Real Decreto 852/2020, de 22 de septiembre, por el que se regula la composición y el funcionamiento del Comité Polar Español.

373 Sobre el compromiso de la UE con el cambio climático, véase Fernández Sánchez, P.A., "La contribución de la Unión Europea a los grandes desafíos de la sociedad internacional", *Cuadernos europeos de Deusto*, nº57, 2017, p. 23 y Fernández Sánchez, P.A., "El Cambio Climático en la Estrategia Europea de Seguridad Marítima", en Giles Carnero, R. (coord.), *Desafíos de la Acción Jurídica Internacional y Europea frente al cambio climático*, Atelier, 2018, p. 187 y ss.

374 Comisión Europea- Alta Representante de la Unión para Asuntos Exteriores y Política de Seguridad, Comunicación conjunta al Parlamento Europeo y al Consejo, Una política integrada de la Unión Europea para el Ártico, JOIN (2016) 21 final, 24 de abril de 2016.

más activa en el campo de la investigación científica, el propósito de ser reconocida como observador en el Consejo Ártico y el reconocimiento de los desafíos ambientales, económicos y geopolíticos a que se enfrenta inducen a actualizar en octubre de 2021 la aproximación de Bruselas a la región, esta vez a favor de un *Ártico más pacífico, sostenible y próspero*[375]. Son objetivos que la Unión quiere enmarcar dentro del conjunto de propuestas ya contempladas en el Pacto Verde Europeo, en el que, mediante una implicación directa en el apoyo financiero a la transición ecológica, se prevé la reducción de las emisiones de gases de efecto invernadero en un 55% en 2030 y la neutralidad climática en 2050[376]. A ello se asocia además los incluidos en la importante iniciativa encaminada a la consecución

---

375 European Commission, High Representative of the Union for Foreign and Security Policy, Joint Communication to the European Parliament, the Council, the European Economic and Social Committee and the Committee of the Regions, A stronger EU engagement for a peaceful, sustainable and prosperous Arctic, JOIN (2021) 27 final, October 13, 2021.

376 En este sentido, cabría resaltar las observaciones efectuadas el 13 de octubre de 2021 por el Comisario de Medio Ambiente, Océanos y Pesca, en la que señaló que la estrategia ha de estar centrada en “abordar las principales fuentes de contaminación que afectan a la región ártica como los plásticos, la basura marina o el carbono negro, en estrecha cooperación con las autoridades locales, regionales y nacionales”. Asimismo, expuso que la UE “liderará la campaña en favor del transporte marítimo de cero emisiones en el Océano Ártico, manteniendo el presupuesto en investigación para conocer en profundidad los efectos del cambio climático”. Commissioner Sinkevicius press statement on Arctic Strategy, 13 October 2021, Brussels, disponible en https://ec.europa.eu/commission/commissioners/2019-2024/sinkevicius/announcements/commissioner-sinkevicius-press-statement-arctic-strategy-13-october-2021-brussels_en consultado el 2 de noviembre de 2022.

de una "economía azul sostenible"[377], que la propia Comisión concibe como uno de los soportes esenciales de la proyección europea en la región[378], en la que apuesta por dejar el petróleo y el gas bajo el subsuelo ártico.

Tras plantear los aspectos que de manera más significativa definen el contexto generado por las tensiones internacionales provocadas por la invasión rusa de Ucrania, parece oportuno reflexionar, a modo de conclusión, sobre las tendencias que definen las repercusiones de la situación analizada, así como los horizontes o perspectivas a que pudiera dar lugar. Sobre la base de las observaciones realizadas resulta conveniente insistir en el hecho de que la guerra provocada por Rusia en Ucrania se muestra sincrónica con una etapa de profunda transformación en las lógicas estratégicas que operan en la región ártica, y que, en esencia, se traducen en el extraordinario interés que en todos los aspectos se asigna al Ártico en los inicios de la tercera década del siglo XXI.

Si partimos de la idea de que la situación del Ártico se encuentra condicionada por el tránsito de una tendencia proclive a la cooperación por otra supeditada a las tensiones

---

377 Véase Sustainable blue economy, disponible en https://oceans-and-fisheries.ec.europa.eu/ocean/blue-economy/sustainable-blue-economy_es consultado el 2 de noviembre de 2022.
Sobre esta cuestión, véase Abad Castelos, M., *Las energías renovables marinas y la riqueza potencial de los océanos. ¿Un mar de dudas o un mar de oportunidades?*, Bosch Editor, 2013.

378 Por otro lado, la UE tiene entre sus prioridades apoyar la cooperación multilateral en esta región. Con tal fin, creará una oficina de la Comisión en Groenlandia, que permitirá reforzar el peso de las cuestiones árticas en las relaciones exteriores de la Unión, la ampliación de las capacidades de protección civil de la UE en el Ártico y la prestación de servicios a partir de los sistemas Copérnico y Galileo, con los que contribuir a la mejora de la vigilancia medioambiental y la seguridad marítima.

desencadenantes de conflictos de la más diversa índole, es inevitable decantar la argumentación final a favor de la recuperación de los principios que abogan por el encuentro, la negociación, el pacto y, en definitiva, por la cooperación. Aunque en estos momentos no es posible atisbar el rumbo que han de adquirir los acontecimientos gravemente condicionados por un episodio bélico que ha conmocionado al mundo, no cabe otra opción, como alternativa al enfrentamiento, que la defensa de los principios fundamentales del Derecho Internacional, con el reconocimiento de las implicaciones planetarias que posee cuanto concierne a lo que sucede en el Ártico.

Bibliografía

Abad Castelos, M., *Las energías renovables marinas y la riqueza potencial de los océanos. ¿Un mar de dudas o un mar de oportunidades?*, Bosch Editor, 2013.

Apap, J., "The concept of climate refugee. Towards a possible definition", *European Parliament Research Service*, PE 621.893, February 2019.

Arias Maldonado, M., *Antropoceno. La política de la era humana,* Taurus, 2018, versión electrónica.

Atapattu, S., "Climate change, indigenous peoples and the Arctic: The changing horizon of International Law", *Michigan State International Law Review*, vol. 22, 2013.

Atapattu, S., "Climate Change, Indigenous Peoples and the Arctic: The Changing Horizon of International Law", *Michigan State International Law Review*, vol. 22 nº1, 2013.

Aznar Gómez, M.J., "El Estado sin territorio: la desaparición del territorio debido al cambio climático", *Revista Electrónica de Estudios Internacionales*, nº 26, 2013.

Bagni, S., Ito, M., y Montini, M., "Derechos de la naturaleza en debate en el contexto jurídico europeo", *Revista catalana de dret ambiental,* vol. 13, núm. 1, 2022.

Barnes, R., "An Advisory Opinion on Climate Change Obligations Under International Law: A Realistic Prospect?", *Ocean Development & International Law,* vol. 53 (2-3).

Barral, V., "Sustainable Development in International Law: Nature and Operation of an Evolutive Legal Norm", *European Journal of International Law,* vol. 23, nº 2, 2012.

Barry, T., Daviosdóttir, B., Eirnarsson, N., y Young O.R., "The Arctic Council: and agent of change?", *Global Environmental Change,* vol. 63, 2020.

Berny, L., "Climat: à quoi sert le Conseil de l'Arctique?", Recherches arctiques, actualités de la recherche scientifique, 21 Février, 2020, disponible en https://recherchespolaires.inist.fr/climat-a-quoi-sert-le-conseil-de-larctique/ consultado el 2 de noviembre de 2022.

Biber, E., *Law in the Anthropocene Epoch,* UC Berkely Public Law Research Paper, nº 2834037, 2016.

Bock, N., "Sustainable Development Considerations in the Arctic", en Berkman, P.A, y Vylegzhanin, A.N. (eds.), *Environmental Security in the Arctic Ocean*, Springer, 2012.

Bodansky, D., "The Ocean and Climate Change Law. Exploring the Relationships", en Barnes, R., y Long, R., *Frontiers in International Environmental Law: Oceans and Climate Challenges: Essays in Honour of David Freestone*, Brill, 2021.

Bodansky, D., "Advisory opinions on climate change: some preliminary questions", *Review of European, Comparative & International Environmental Law*, vol. 1-8, 2023.

Bonneueil, C., y Fressoz, J-B., *L' événement Anthropocène*, Le Seuil, Paris, 2013.

Borrás, S. y Villavicencio-Calzadilla, P., "El principio de no devolución en tiempos de emergencia climática: una revisión necesaria para la protección del refugio y el asilo climático", *Revista española de Derecho Internacional*, vol. 73/2, 2021.

Bosselman, K., *The Principle of Sustainability: Transforming law and governance*, Routledge, Londres, 2016.

Brady, A-M., *China as a Polar Great Power*, Cambridge, Cambridge University Press, 2017.

Bridgewater, P., Kim, R.E., y Bosselmann, K., "Ecological Integrity: A Relevant Concept for International Environmental Law in the Anthropocene?", *Yearbook of International Environmental Law*, vol. 25, nº 1, 2005.

Briguglio, L., "Small island developing states and their economic vulnerabilities" *World Development*, 1995, vol. 23, issue 9.

Brown Weiss, E., Establishing Norms in a Kaleidospic World. General Course on Public International Law, Recueil de Cours, Collected Courses of the Hague Academy of International Law, vol. 396, 2019.

Burdon, P.D., "Ecological law in the Anthropocene", *Transnational Legal Theory*, vol. 11, nº 1-2, 2020.

Caliguri, A., "Sinking States: The Statehood Dilemma in the Face of Sea-Level Rise", *Questions of International Law*, nº 91, 2022.

Cataldi, G., "Human Rights of People Living in States Threatened by Climate Change", *Questions of International Law*, nº 91, 2022.

Camargo-Farías, D.C., y Corredor-Naranjo, J.A., "Migraciones y medio ambiente: el sistema jurídico internacional frente a la figura de refugiado ambiental", *El Ágora USB*, vol. 21/1, 2021.

Cambou, D., y Smis, S., "Permanent Sovereignty over natural resources from a human rights perspective: natural resources exploitation and indigenous peoples' rights in the Arctic", *Michigan State International Law Review*, vol. 22, 2013.

Cambou, D.C., "Disentangling the conundrum of self-determination and its implications in Greenland", *Polar Record*, vol. 56, 2020.

Campins Eritja, M., "De Kioto a París: ¿evolución o involución de las negociaciones internacionales sobre cambio climático?, *Instituto Español de Estudios Estratégicos*, Doc. 61/2015, 15 de junio de 2015.

Campins Eritja, M., "Drill, baby, drill: la posición de Estados Unidos ante el reto ambiental de la exploración y explotación de hidrocarburos en el Ártico", *Revista Catalana de Dret Ambiental*, vol. VIII(2), 2017.

Canobbio, E., "Régions et integration régionale dans l' espace nordique-arctique, métamorphoses du "fait regional" boreal", *Espaces, Populations, Societé*, 2020/3, 2021/1.

Canuel, E., "Sustainable Development, Natural Resource Extraction and the Arctic: the Road Ahead", *Alaska Law Review*, vol. 33 (1), 2016.

Cardesa-Salzmann, A., y Pigrau Solé, A., "La Agenda 2030 y los Objetivos para el desarrollo sostenible. Una mirada crítica sobre su aportación a la gobernanza global en términos de justicia distributiva y sostenibilidad ambiental", *Revista española de Derecho Internacional*, vol. 69/1, 2017.

Conde Pérez, E., "La política ártica de la Unión Europea en perspectiva geopolítica: de la cooperación pacífica a las rupturas árticas (2017-2022)", *Revista española de Derecho Internacional*, nº 74, 2, 2022.

Cooper, H.M., Fletcher, C.H., Chen, Q., y Barbee, M.M., "Sea-level rise vulnerability mapping for adaptation decisions using LiDAR DEMs", *Progress in Physical Geography*, 2013.

Crutzen, P.J., y Stoermer, E.F., "The Anthropocene", *Global Change Newsletter- IGBP*, 41, 2000.

Davidson, S., "New Ways to Break the Ice. Emerging Approaches to the Regulation of Navigation in the Northwest Passage", en Barnes, R., y Long, R., *Frontiers in International Environmental Law: Oceans and Climate Challenges. Essays in Honour of David Freestone*, Brill, Londres, 2021.

Degai, T.S., y Petrov, A.N., "Rethinking Arctic sustainable development agenda through indigenizing UN sustainable development goals", *International Journal of Sustainable Development and World Ecology*, vol. 28, nº 6, 2021.

Degeorges, D., "L'Arctique: entre changement climatique, développements économiques et enjeux sécuritaires", *Géoéconomie,* n°80, 2016.

Delmas-Marty, M., "Repenser le droit à l´heure de l´Anthropocène", *Analyse, Critique, Opinion,* mercredi 30 janvier 2019, disponible en https://aoc.media/analyse/2019/01/30/repenser-droit-a-lheure-delanthropocene/?loggedin=true consultado el 2 de noviembre de 2022.

Díaz Barrado, C.M., "Los Objetivos de Desarrollo Sostenible: un principio de naturaleza incierta y varias dimensiones fragmentadas", *Anuario español de Derecho Internacional,* vol. 32, 2016.

Díaz Galán, E., "El valor jurídico de la Agenda 2030 sobre Desarrollo Sostenible, ¿una nueva tendencia normativa?", *Revista Iberoamericana de Estudios de Desarrollo,* 2022.

Du Toit, L., y Kotzé, J.L., "Reimagining international environmental law for the Anthropocene: An earth system law perspective", *Earth System Governance,* vol. 11, 2022.

Dubreuil, A., "La construction de territoires identitaires régionaux et locaux en Arctique", *Prospective et strategie.* 2014, n° 4 y 5.

Dupuy, R-J., "Coutume sage et coutume sauvage", en *Mélanges offerts à Charles Rousseau: La Communauté International,* Pedone, 1974.

Duyck, S., "What Role for the Arctic in the UN Paris Climate Conference (COP-21)?", *Arctic Yearbook,* 2015.

Fajardo del Castillo, T., "Avances y retrocesos en la negociación del Pacto Mundial por el Medio Ambiente", *Actualidad Jurídica Ambiental,* n° 95, 2019.

Fajardo del Castillo, T., "El acuerdo de París sobre cambio climático: sus aportaciones al desarrollo progresivo del Derecho Internacional y las consecuencias de la retirada de los Estados Unidos", *Revista española de Derecho Internacional,* vol. 70/1, 2018.

Fajardo del Castillo, T., y Campins Eritja, M., "La COP26 de Glasgow sobre cambio climático: ¿truco o trato", *Revista catalana de Dret Ambiental,* vol. XII, núm.2, 2021.

Ferrajoli, L., *Por una Constitución de la Tierra. La Humanidad en la encrucijada,* Trotta, 2022.

Fernández Egea, R.M., "Código Rojo en la lucha contra el cambio climático: lo que se pudo y no se pudo avanzar en la COP26 en Glasgow", en Aquiescencia.net, 14 de noviembre de 2021, disponible en https://aquiescencia.net/2021/11/14/codigo-rojo-en-la-lucha-contra-el-cambio-climatico-lo-que-se-pudo-y-no-se-pudo-avanzar-en-la-cop-26-en-glasgow/ consultado el 2 de noviembre de 2022.

Fernández Egea, R.M., "Compromisos internacionales en materia de medio ambiente. El Pacto Mundial para el Medio Ambiente: una idea ambiciosa que no pudo ser", en García Álvarez, G. et al (coords.), *Observatorio de Políticas Ambientales*, CIEMAT, Madrid, 2020.

Fernández Liesa, C.R., "Desarrollos del Derecho internacional frente a los desastres/catástrofes internacionales", A*nuario español de Derecho Internacional*, vol. 27, 2011.

Fernández Liesa, C.R., "Transformaciones del Derecho Internacional por los Objetivos de Desarrollo Sostenible", en Fernández Liesa, C.R., y Manero Salvador, A., *Análisis de los comentarios de los Objetivos de Desarrollo Sostenible de las Naciones Unidas,* Thomson Reuters Aranzadi, Cizur Minor, 2017.

Fernández Sánchez, P.A., "La contribución de la Unión Europea a los grandes desafíos de la sociedad internacional", *Cuadernos europeos de Deusto*, nº57, 2017.

Fernández Sánchez, P.A., "El Cambio Climático en la Estrategia Europea de Seguridad Marítima", en Giles Carnero, R. (coord.), *Desafíos de la Acción Jurídica Internacional y Europea frente al cambio climático,* Atelier, 2018.

Floistad, B., y Lothe, L., "The Possibility of an Arctic Treaty", *Arctic Knowledge Hub,* 2010, disponible en http://www.arctis-search.com/The+Possibility+of+an+Arctic+Treaty consultado el 2 de noviembre de 2022.

Fontaine, M., « Quand la guerre en Ukraine bouleverse la coopération en Arctique », *GEO,* 20 june 2022, disponible en https://www.geo.fr/geopolitique/quand-la-guerre-en-ukraine-bouleverse-la-cooperation-en-arctique-210465#:~:text=Depuis%20des%20d%C3%A9cennies%2C%20l'Arctique,%22d'exception%20arctique%22. Consultado el 2 de noviembre de 2022.

Gad, U., P., Jacobsen, M., Strandsbjerg, J., "Sustainability as a political concept in the Arctic", en Gad, U., P., Jacobsen, M., Strandsbjerg, J. (eds.), T*he Politics of Sustainability in the Arctic. Reconfiguring Identity, Space, and Time,* Routledge, Londres, 2018.

Galvao Teles, P., "Sea-Level Rise in Relation to International Law: A New Topic for the United Nations International Law Commission", *Global Challenges and the Law of the Sea,* 2020.

Gamarra Chopo, Y., y Salinas, S., "El Derecho Internacional ante el s. XXI. Simposio de Zermatt, 1993", *Anuario Español de Derecho Internacional,* vol. X, 1994.

Gardiner, D., "Le siècle des réfugies climatiques", *Le Monde Diplomatique*, Janvier 2007.

Gautier, D.L.; Bird, K.J.; Charpentier, R.R.; Grantz, A.; Houseknecht, D.W.; Klett, T.R.; Moore, T.E.; Pitman, J.K.; Schenk, C.J.; Schuenemeyer, J.H.; Sorensen, K.; Tennyson, M.E.; Valin, Z.V.; y Wandrey, C.J., "Assessment of undiscovered oil and gas in the Arctic", *Science*, 2009, vol. 324, issue 5931.

Gladun, E., "Sustainable Development of Russian Arctic: Legal Implications", *The NISPAcee Journal of Public Administration and Policy*, vol. XII nº2, 2019/2020.

Gladun, E., y Zakharova, O., "Russian Arctic Policy Supporting the 2030 Agenda for Sustainable Development in the Arctic", *Current Developments in Arctic Law*, vol. 8, 2020.

Gosh, S., y Rubly, C., "The emergence of Arctic shipping: issues, threats, costs, and risk-mitigating strategies of the Polar Code", *Australian Journal of Maritime and Ocean Affairs*, vol. 7-3, 2015.

Gracia Pérez, D., "La tragedia de los pequeños Estados insulares en desarrollo: desplazamientos climáticos ante la subida del nivel del mar", *Anuario Hispano-Luso-Americano de Derecho Internacional*, vol. 24, 2019-2020.

Hamilton, C., *The Anthropocene and the Global Environmental Crisis: Rethinking modernity in a new epoch*, Routldlege, Londres, 2015.

Hardin, G., "The Tragedy of the Commons", *Science*, vol. 162, nº 3859, 1968.

Hasanat, W., "Reforming the Arctic Council against increasing climate change", *Michigan State International Law Review*, vol. 22(1), 2013.

Heinämäki, L., "Arctic Importance: Free, Prior and Informed Consent, a New Paradigm in International Law Related to Indigenous Peoples", en *Indigenous Peoples' Governance of Land and Protected Territories in the Arctic*, 2015.

Herrmann, V., "Climate Change, Arctic Aesthetics, and Indigenous Agency in the Age of the Anthropocene", *The Yearbook of Polar Law Online*, vol. 7 (1), 2015.

Hey, E. "The Anthropocene, Five Discourses and Frontier Space", en Barnes, R., y Long, R., *Frontiers in International Environmental Law: Oceans and Climate Challenges: Essays in Honour of David Freestone*, Brill, 2021.

Holst, R.J.R., "Taking the current when it serves: Prospects and challenges for an ITLOS advisory opinion on oceans and climate change", *Review of European, Comparative & International Environmental Law,* vol. 1-9, 2022.

Hossain, K., y Koivurova, T., "Hydrocarbon Development in the Offshore Arctic: Can it be done sustainably?", *Oil, Gas and Energy Law,* vol. 10(2), 2012.

Hugues, L., "Relationships with Arctic indigenous peoples: To what extent has prior informed consent become a norm?", *Review of European, Comparative and International Environmental Law,* vol. 27, nº 1, 2018.

Jaria, J., *La Constitución del Antropoceno,* Tirant lo Blanch, 2020.

Jonhstone, R. L., *Offshore Oil and Gas Development in the Arctic under International Law. Risk and Responsibility,* Brill, Leiden-Boston, 2015.

Johnstone, R.L., "The impact of international law on natural resource governance in Greenland", *Polar Record,* vol. 56, 2020.

Kankaanpää, P., y Young, O.R., "The effectiveness of the Arctic Council", *Polar Research,* vol. 31 (1), 2012.

Kaufmann, S.G., "L' Océan Arctique et la coopération intergouvernementale non contraignante. Un défi pour la protection internationale de l´environment", *Revue juridique de l' environnement,* vol. 35, nº4, 2010.

Kergomard, C., "L' Arctique face au changement climatique", *Annales de géographie,* vol. 1, nº 653, 2007.

Kim, R.E., y Bosselmann, K., "Operationalizing Sustainable Development: Ecological Integrity as a Grundnorm of International Law", *Review of European, Comparative and International Environmental Law,* vol.24/2, 2015.

Kim, Y.H., Young, O.R., Corell, R.W., Kim, J.D., "Overview: Building Capacity for a Sustainable Arctic in a Changing Global Order", *The Arctic in World Affairs. A north Pacific Dialogue on Building Capacity for a Sustainable Arctic in a Changing Global Order,* Korean Maritime Institute, 2017.

Koivurova, T., y Heinämäki, L., "The participation of indigenous peoples in international norm-making in the Arctic", *Polar Record,* vol. 42 (2), 2006.

Koivurova, T., "Alternatives for an Arctic Treaty- Evaluation and a New Proposal", *Review of European Community and International Environmental Law,* vol. 17, nº1, 2008.

Koivurova, T., "Finland's Chairmanship Program for the Arctic: Setting Priorities", *The Arctic in World Affairs. A north Pacific Dialogue on Building Capacity for a Sustainable Arctic in a Changing Global Order*, Korean Maritime Institute, 2017.

Koivurova, T., "Lessons from the Finland's Chairmanship of the Arctic Council: What will Happen with the Arctic Council and in General Arctic Governance", *The Yearbook of Polar Law,* vol. XII, 2020.

Koivurova, T., "Why the Arctic needs the UN Sustainable Development Goals", *The Circle- Sustainable Development Goals. Shaping the future of the Arctic,* 2-2018.

Koivurova, T., "Is the End of the Arctic Council and Arctic Governance as we know it?", *The Polar Connection,* 11 December 2019, disponible en https://polarconnection.org/arctic-council-governance-timo-koivurova/ consultado el 2 de noviembre de 2022.

Koivurova, T., "The Arctic Council can continue without Russia", *Arctic Today,* March 10, 2022, disponible en https://www.arctictoday.com/the-arctic-council-can-continue-without-russia/ consultado el 2 de noviembre de 2022.

Koivurova, T., Kleemola-Juntunen, P, y Kirchner, S., "Emergence of a New Ocean: How to React to the Massive Change?", en Coates, K.S., y Holroyd, C. (eds.), *The Palgrave Handbook of Arctic Policy and Politics,* Palgrave Macmillan, 2020.

Kotzé L.J., Kim, R.E., Blanchard, C., Gellers, J.C., Holley, C., Petersmann, M., Van Asselt, H., Biermann, F., y Hurbelt, M., "Earth System Law: Exploring new frontiers in legal science", *Earth System Governance,* vol. 11, 2022.

Kotzé, L., J. "A Global Environmental Constitution for the Anthropocene?", *Transnational Environmental Law,* vol.8, nº 1, 2019.

Kotzé, L.J., "The Anthropocene's Global Environmental Constitutional Moment", *Yearbook of International Environmental Law,* vol. 25, nº 1, 2015.

Kotzé, L.J., "Rethinking Global Environmental Law and Governance in the Anthropocene", *Journal of Energy and Natural Resources Law,* vol. 32-2, 2014.

Kotzé, L.J., y French, D., "The Anthropocentric Ontology of International Environmental Law and Sustainable Development Goals: Towards an Ecocentric Rule of Law in the Anthropocene", *Global Journal of Comparative Law,* vol. 7, 2018.

Kotzé, L.J., y Kim, R.E., "Earth System Law: The juridical dimensions of earth system governance", *Earth System Governance,* vol.1, 2019.

Kotzé. L.J., y French, D., "A critique of the Global Pact for the environment: a stillborn initiative or the foundation for Lex Anthropocenae?", *International Environmental Agreements: Politics, Law and Economics,* vol. 18, 2018.

Kotzé, L.J., "Earth system law for the Anthropocene: rethinking environmental law alongside the Earth system metaphor", *Transnational Legal Theory,* vol. 11, issue 1-2, 2020.

Kristoffersen, B., y Langhelle, O., "Sustainable Development as a Global-Arctic Matter: Imaginaries and Controversies", en Keil, K, y Knecht, S. (eds.), *Governing Arctic Change,* Palgrave Macmillan, Londres, 2017.

Larrère, C., "Anthropocene: mais qu´est que c'est?", *Analyse Critique,* 10 avril 2018.

Latour, B., "Quelles entre-deux-guerres?", *Analyse, Critique, Opinion,* 3 de mars de 2022, disponible en https://aoc.media/opinion/2022/03/02/quelles-entre-deux-guerres/ consultado el 2 de noviembre de 2022.

Lázaro Touza, L., "COP26: mantener viva la esperanza de 1,5°C en un contexto global endiablado", ARI 93/2021, de 10 de noviembre de 2021, disponible en https://www.realinstitutoelcano.org/analisis/cop26-mantener-viva-la-esperanza-de-15oc-en-un-contexto-global-endiablado/ consultado el 2 de noviembre de 2022.

Loukacheva, N., "The Arctic Council and Law-Making", *The Northern Review,* n° 50, 2020.

Lowe, V., "Sustainable Development and Unsustainable Arguments", en Boyle, A. y Freestone, D. (eds.), *International Law and Sustainable Development. Past Achivements and Future Challenges,* Oxford University Press, Oxford, 2012.

Lozier, J.L., *Arctique: vers la fin de l'exception ? Enjux stratégiques, nuclèaires et maritimes.* Paris, Institut des relations Internationales. 2022, disponible en https://www.ifri.org/sites/default/files/atoms/files/lozier_arctique_2022.pdf consultado el 2 de noviembre de 2022.

McDonald, A., "The Militarization of the Arctic: Emerging Reality, Exaggeration, and Distraction", *Canadian Military Journal,* vol. 15, n°3, 2015.

Mahmutaj, K., "Will the Morocco-Nigeria Bilateral Investment Treaty Transform Sustainable Development into Hard Law?", *EJIL: Talk!*, January 27, 2022, disponible en https://www.ejiltalk.org/will-the-morocco-nigeria-bilateral-investment-treaty-transform-sustainable-development-into-hard-law/ consultado el 2 de noviembre de 2022.

Maljean-Dubois, S., "Was the Global Pact for the Environment a good idea?", *Yearbook of international disaster law*, vol. 2(1), 2021.

Manero Salvador, A., "La política comercial común de la Unión Europea y el desarrollo sostenible", *Revista de Derecho Comunitario Europeo*, nº 66, 2020.

Manero Salvador, A., "La protección ambiental del Ártico y la Agenda 2030", *Actualidad Jurídica Ambiental*, nº 77, 2018.

Manero Salvador, A., *El Deshielo del Ártico: retos para el Derecho Internacional. La delimitación de los espacios marinos y la protección y preservación del medio ambiente*, Aranzadi Thomson Reuters, Cizur Minor, 2011.

Martín Pascual, E., "Migraciones causadas por la subida del nivel del mar: un reto para el Derecho Internacional", *Revista catalana de Dret ambiental*, vol. IX, núm.2, 2018.

Martín Pascual, E., "La vulnerabilidad de los pequeños Estados insulares de baja latitud frente al cambio climático: una mirada desde los derechos humanos", en Zamora Cabot, F.J., Sales Pallarés, L., Marullo, M.C., y Felipe Pérez, B., *Aspectos destacados en la lucha frente al cambio climático*, Thomson Reuters Aranzadi, Cizur Minor, 2022.

Matthews, D., "Reframing sovereignty for the Anthropocene", *Transnational Legal Theory*, vol. 12, nº 1, 2021.

Montes Cortés, C., "Reconocimiento de la naturaleza como entidad sujeto de derechos: ¿una consecuencia de las limitaciones del derecho ambiental?", *Revista catalana de dret ambiental*, vol. 13, núm.1, 2022.

Nilsson, A. E., Larsen, J.N., "Making Regional Sense of Global Sustainable Development Indicators for the Arctic", *Sustainability*, vol. 13, issue 3, 2020.

Norchi, C.H., "An Arctic Treaty in an Age of Contagion?", *Journal of the North Atlantic and Arctic*, May 2020.

Nordblom, U., *Cruise tourism in the Arctic. Sustainability issues and protection of the marine environment in International Law*, University of Akureyri, 2016.

Norstöm, A, V., Dannenberg, A., McCarney, G., Milkoreit, M., Diekert, F., Engström, G., Fishman, R., Gars, J., Kyriakopoolou, E., Manoussi, V., Meng, K., Metian, M., Sanctuary, M., Schlüter, M., Schoon, M., Schltz, L., y Sjöstedt, M., "Three necessary conditions for establishing effective Sustainable Development Goals in the Anthropocene", *Ecology and Society*, vol.19 (3), 2014.

Ochoa Ruiz, N., "¿Entre migración y refugio? Desplazamientos por causas climáticas e inadecuación normativa (I): la necesidad de buscar respuestas adecuadas en el ámbito universal y en ciertos espacios regionales", *Revista española de Derecho Internacional*, vol. 73/2, 2021.

Olsson, J., y Aström, J., "Sweden", en Dosenrode, S., y Halkier, H., *The Nordic Regions and the European Union*, Routledge, Londres, 2004.

Ortolland, D. , "L'Arctique, dernière frontière de la mondialisation", *Le Monde Diplomatique*, 2009, disponible en https://www.monde-diplomatique.fr/publications/l_atlas_un_monde_a_l_envers/a53845 consultado el 2 de noviembre de 2022.

Pauwelyn, J., y Andonova, L., "A Legally Binding Treaty or Not? The Wrong Question for Paris Climate Summit", *EJIL Talk!*, December 4, 2015, disponible en https://www.ejiltalk.org/a-legally-binding-treaty-or-not-the-wrong-question-for-paris-climate-summit/ consultado el 2 de noviembre de 2022.

Petersmann, MC., "Sympoietic thinking and Earth System Law: The Earth, its subjects and the law", *Earth System Governance*, vol. 9, 2021.

Petrov, A., BurnSilver, S., Chapin III, F.S., Fondahl, G.; Graybill, J.K.; Keil, K.; Nilsson, A.E.; Riedlsperger, R.; Schweitzer, P.; *Arctic Sustainability Research, Past, Present and Future,* Routledge, New York, 2017.

Polvani, L.M., Previdi, M., England, M.R., Chlodo, G., y Smith, K.L. "Substantial twentieth-century Arctic warming caused by ozone-depleting substances", *Nature Climate Change*, n° 10, février 2020.

Rahbek-Clemmensen, J., "When Do Ideas of and Arctic Treaty Become Prominent in Arctic Governance Debates?", *Arctic*, vol. 72, n° 2, 2019.

Rajamani, L., *Innovation and Experimentation in the International Climate Regime*, Collected Courses of the Hague Academy of International Law, vol. 404, 2020.

Rankovic, A., y Gememenne, F, *Atlas of the Anthropocene*, Les Presses de Sciences Po, Paris, 2019.

Rayfuse, R., "International Law and Disappearing States: Utilising Maritime Entitlements to Overcome the Statehood Dilemma", *UNSW Law Research Paper,* nº 2010/52, 2010.

Rayfuse, R., "Taming the Wild North? High Fisheries in the Warming Arctic", en Barnes, R., y Long, R., *Frontiers in International Environmental Law: Oceans and Climate Challenges: Essays in Honour of David Freestone,* Brill, 2021.

Reid, A.J., Brooks J.L., Dolgova, L., Laurich, B., Sullivan, B.G., Szekeres, P., Wood, SL.R., Bennett, J.R., y Cooke, S. J., "Post-2015 Sustainable Development Goals still neglecting their environmental roots in the Anthropocene", *Environmental Science and Policy,* n 77, 2017.

Remaud, O., "Trouble contre trouble: le glacier et l'être humain", *Analyse Critique,* Opinion, 11 mars, 2021.

Reynolds, J., "A Sinking Feeling: The Effect of Sea Level Rise on Baselines and Statehood in the Western Pacific", *Australian Yearbook of International Law,* 2020.

Rise, I.H., *The Agreement on Cooperation on Marine Oil Pollution Preparedness and Response in the Arctic. The Establishment of an Arctic Oil Spill Regime,* The Arctic University of Norway, June 2014.

Robinson, N.A., "Beyond sustainability: environmental management for the Anthropocene Epoch", *Journal of Public Affairs,* vol. 12, number 3, 2012.

Robinson, N.A., "Fundamental Principles of Law for the Anthropocene?", *Environmental Policy and Law,* vol. 44, 1-2, 2014.

Rodrigo Hernández, A., J., "El principio de integración de los aspectos económicos, sociales y medioambientales del desarrollo sostenible", *Revista española de Derecho Internacional,* vol. LXIV/2, 2012.

Rodrigo Hernández, A.J., "El acuerdo de París sobre el cambio climático: entre la impotencia simbólica y la debilidad sustantiva", en VVAA., *Retos para la acción exterior de la Unión Europea,* Tirant lo Blanch, Valencia, 2017.

Rodrigo Hernández, A.J., *El desafío del desarrollo sostenible,* Marcial Pons, Madrid, 2015.

Rose, J., Wewerinke-Singh, M., y Miranda, J., "Primal Scene to Anthropocene: Narrative Myth in International Environmental Law", *Netherlands International Law Review,* vol. 66, 2019.

Saco, V., "Arbitraje sobre el Rin de Hierro. Laudo de la Corte Permanente de Arbitraje (Bélgica y Países Bajos)", *Agenda Internacional,* nº 27, 2009.

Salamin, N., et al., "Assessing rapid evolution in a changing environment", *Trends in Ecology & Evolution,* vol. 25 (2), 2010.

Sales, D.J., *El reconocimiento y la protección jurídica internacional de las migraciones climáticas. Las realidades de los pequeños estados insulares en desarrollo,* Quaderns de dret ambiental, Universitat Rovira i Virgili, Tarragona, 2019.

Sands, P., *Principles of Environmental Law,* Cambridge University Press, Cambridge, 2003.

Savaresi, A., Kulovesi, K., y Van Asselt, H., "Beyond COP26: Time for and Advisory Opinion in Climate Change?", *EJIL: Talk!,* December 17, 2021, disponible en https://www.ejiltalk.org/beyond-cop26-time-for-an-advisory-opinion-on-climate-change/ consultado el 2 de noviembre de 2022.

Scholten, H.J., *Statehood and State Extinction: Sea Level Rise and Legal Challenges Faced by Low-Lying Island-States,* LLM International and European Law, University of Groningen, 2011.

Schrijver, N., *The Evolution of Sustainable Development in International Law: Inception, Meaning and Status,* Collected Courses of the Hague Academy of International Law, vol. 329, 2008.

Seck, S.L., y MaecLeod, S.L., "People and the Poles", en Scott, K.N., y VanderZwaag, D.L., (eds.), *Research Handbook on Polar Law,* Elgar, 2020.

Sejersen, F., "Brokers of hope: Extractive industries and the dynamics of future-making in post-colonial Greenland", *Polar Record,* vol. 56, 2020.

Shibata, A., y Chuffart, R., "Sustainability as an integrative principle: The role of international law in Arctic resource development", *Polar Record,* vol. 56, 2020.

Skogvang, S.F., "Legal Questions regarding Mineral Exploration and Exploitation in Indigenous Areas", *Michigan State International Law Review,* vol. 22 nº1, 2013.

Starita, M., "The impact of sea-level rise on baselines: a question of interpretation of UNCLOS or evolution of customary law?", *Questions of International Law,* nº 91, 2022.

Steffen, W., Crutzen, P.J., McNeill, J.R., "The Anthropocene: Are Humans Now Overwhelming the Great Forces of Nature?", *Ambio*, vol. 36 (8), 2007.

Stephens, T., "What is the point of International Environmental Law Scholarship in the Anthropocene?", *Legal Studies Research Paper Series*, The University of Sydney Law School, nº 19/25, 2019.

Stephens, T., "Governing Antarctica in the Anthropocene", en Leane, E., y McGee, J., *Anthropocene Antarctica. Perspectives from the Humanities, Law and Social Sciences*, Routledge, Londres, 2019.

Summerhayes, C., Zalasiewicz, Vidas, D., y Williams, M., "Polar Regions in the Anthropocene", en Scott, K.N., y VanderZwaag, D.L., *Research Hadbook on Polar Law*, Elgar, 2020.

Trump, B.D.; Kadenic, M.; y Linkov, I., "A sustainable Arctic: Making hard decisions", *Arctic, Antarctic and Alpine Research*, vol. 50, nº 1, 2018.

Van Asselt, "Governing fossil fuel production in the age of climate disruption: Towards an international law of leaving it in the ground", *Earth System Governance*, vol. 9, 2021.

Van Dijk, N., "From exacerbating the Anthropocene's problems to intergenerational justice: An analysis of the communication procedure of the human rights treaty system", *Earth System Governance*, vol. 10, 2021.

Van Pelt, T.I., Huntington, H.P., Romanenko, O.V., y Mueter, F.J., "The missing middle: Central Arctic Ocean gaps in fishery research and science coordination", *Marine Policy*, vol. 85, 2017.

Vasiliev, A., "Agreement on Cooperation on Arctic Marine Oil Pollution Preparedness and Response", en Loukacheva, N. (ed.), *Polar Law and Resources*, Norden 2015.

Vidas, D., Fauchald, O.K., Jensen, O., Tvedt, M.W., "International law for the Anthropocene? Shifting perspectives in regulations of the oceans, environment and genetic resources", *Anthropocene*, vol. 9, 2015.

Vidas, D., "The Earth in the Anthropocene – and the World in the Holocene?", *European Society of International Law Reflection*, vol. 4, issue 6, 2015.

Vidas, D., Freestone, D., y McAdam, J., "International Law and sea level rise: The New ILA Committee", *ILSA Journal of International and Comparative Law*, vol.21-2, 2015.

Vidas, D., Freestone, D., y McAdam, J., "International Law and Sea Level Rise", *Brill Research Perspectives in the Law of the Sea*, vol. 2(3), 2019.

Vidas, D., Zalasiewicz, J., y Williams, M., "What is the Anthropocene and why is it relevant for International Law?, *Yearbook of International Environmental Law*, vol. 25, n°1, 2014.

Viñuales, J., "The organization of the Anthropocene: in our hands?", *Brill Research Perspectives in International Legal Theory and Practice*, vol. 1, n° 1, 2018.

Vordermayer, M., "Gardening the Great Transformation: The Anthropocene Concept's Impact on International Environmental Law Doctrine", *Yearbook of International Environmental Law*, vol. 25, n° 1, 2015.

Vullierme, M., « Evolution de la stratégie française en Arctique, entre reajustement global et continuité stratégique », *Les Champs de Mars*, 2018- 1.

Watt-Cloutier, S., *The Right to Be Cold. One Woman's Fight to Protect the Arctic and Save the Planet from Climate Change*, University of Minnesota Press, 2015.

William, S., "Sustainable Development in the Arctic: SDGs and the Role of the Arctic Council", *McGill Journal of Sustainable Development Law*, 6 May 2021, disponible en https://www.mcgill.ca/mjsdl/article/sustainable-development-arctic-sdgs-and-role-arctic-council#_edn1 consultado el 2 de noviembre de 2022.

Yasunaga Kumano, M., "Los pequeños Estados insulares en desarrollo y los refugiados climáticos", *Instituto español de estudios estratégicos*, 110/2016, 28 de octubre de 2016.

Young, O.R., "If an Arctic Ocean treaty is not the solution, what is the alternative?, *Polar Record*, vol. 47, n°4, 2011.

Young, O, y Osherenko, G., *Polar Politics, Creating International Environmental Regimes*, Ithaca, Cornell University Press, 1993.

Young, O., "Is it Time for a Reset in Arctic Governance?", *Sustainability*, vol. 11, 2019.

Zentner, E., Kecinski, M, Letourneau, A, y Davidson, D., "Ignoring Indigenous peoples—climate change, oil development, and Indigenous rights clash in the Arctic National Wildlife Refuge", *Climatic Change*, vol. 155, n° 4, 2019.